GUÍA DEL LÍDER

LIBERTAD

PARA TU IGLESIA

Ministerio - Organización

IGLESIA

Guía del líder
LIBERTAD EN CRISTO PARA TU IGLESIA – Ministerio – Organización

©2022 Libertad en Cristo Internacional – Freedom in Christ International
Cuarta edición - Abril, 2025
Tercera edición – Septiembre, 2023
Segunda edición – Octubre, 2022

4 Beacon Tree Plaza, RG2 9RT Reading Berks, United Kingdom
www.libertadencristo.org – www.freedominchrist.org

Esta guía del líder usa con permiso los contenidos del libro *Remodelando la Iglesia* del Dr Neil Anderson, del proceso del Reino Unido de *Los Pasos hacia la libertad en Cristo para tu Iglesia* de Steve Goss, del Curso *Libres para Liderar* de Libertad en Cristo, y de la contextualización para Iberoamérica con algunos contenidos realizados por Roberto Reed.

Traducción y edición: Roberto Reed y Nancy Maldonado Araque.
Revisión: Adrián Arreaza, Miguel Montes, Jemima Taltavull, Gonzalo Jiménez, Luz Miriam Scarpetta, Mauricio Tapias y Ana María Rueda.

ISBN: 978-1-913082-63-5

LIBERTAD EN CRISTO
Discipulado Transformador

CONTENIDO

EJEMPLOS DE HORARIOS

HORARIO 1- *una tarde y dos días enteros (el ideal)*	HORARIO 2 - *dos tardes y un día entero (mínimo)*
DÍA 1	**DÍA 1**
16:00-16:20 Bienvenida y café	
16:20-16:40 Adoración y oración	17:30-21:30
16:40-18:45 Introducción al retiro y Para comenzar	
19:00 CENA	
20:00-21:00 **Inicio & Paso 1– Las FORTALEZAS**	
DÍA 2	**DÍA 2**
08:00 DESAYUNO	
09:00-09:15 Adoración y oración	17:30-21:30
09:15-09:30 Reflexión y preparación para el día	
09.30-10:30 **Paso 2 – LAS DEBILIDADES**	
10:30-11:00 **Paso 3A – MEMORIAS GRATAS**	
11:00-12:45 **Paso 3B – MEMORIAS DOLOROSAS**	
12:45 ALMUERZO	
14:00-15:30 **Paso 4 – LOS PECADOS COLECTIVOS**	
15.30-16:40 **Paso 5 – LOS ATAQUES ESPIRITUALES**	
16:40-17:00 Café	
17:00-17:30 **Paso 6 - Orientación al Plan de ORACIÓN y ACCIÓN**	
17:30-18:30 Completar partes o descanso	
19:00 CENA	
20:00-22:00 Completar partes o tiempo lúdico	
DÍA 3	**DÍA 3**
08:00 DESAYUNO	
09:00-09:15 Adoración y oración	08:00-19:00
09:15-11:00 **Paso 6 - Plan de ORACIÓN y ACCIÓN** A solas en oración, grupos pequeños y grande	
11:00-11:15 Descanso	
11:15-12:30 Redacción Plan de ORACIÓN y ACCIÓN	
12:45 ALMUERZO	
14:00 -15:30 **Paso 7 – La ESTRATEGIA del LIDERAZGO** Implicaciones y pasos siguientes - plan/ aplicación ministerios, regiones e iglesia/s local/es	
15.30-16:30 Santa Cena/testimonios/declaración	

La visión de Libertad en Cristo es **servir y equipar a la iglesia para transformar a las naciones** mediante un discipulado transformador. Queremos que la iglesia haga discípulos y no solo convertidos. El mensaje principal que Dios ha puesto en nuestro corazón es que **todo cristiano** necesita comprender quién es en Cristo y reclamar su libertad en Cristo para poder ser un discípulo que da fruto. Esto es para todos, no solo para los nuevos creyentes. Es para cada persona. Debe comenzar con el ejemplo de pastores y líderes. ¡Libertad en Cristo es para ti pastor y para ti líder!

Libertad en Cristo es para cada persona, pero también queremos ir más allá de los individuos, al colectivo de iglesias, denominaciones, ministerios y organizaciones, ¿y por qué no?, Libertad en Cristo para barrios, ciudades enteras e incluso toda una nación.

Sin lugar a dudas es muy importante alcanzar la libertad individual antes de comenzar a trabajar en la libertad colectiva, pero, resolver nuestros problemas individuales, no solucionará los colectivos. Un liderazgo y una administración pobres, conducen a problemas interpersonales y generan ataduras espirituales. Si no se corrigen los problemas de liderazgo, resultará infructuoso tratar de resolver los conflictos personales e individuales de la gente dentro de una iglesia u otras organizaciones. Es como intentar ayudar a un adolescente rebelde de catorce años sin tomar en cuenta ni intervenir en su familia disfuncional. Lo que se debe descubrir, en primer, lugar, es la causa de su rebeldía. El proceso de fe y arrepentimiento de *Los Pasos hacia la libertad en Cristo* lo adaptamos para usar con individuos, matrimonios, iglesias, organizaciones, denominaciones, comunidades, ciudades y toda una nación.

> **2 Crónicas 7:14** dice, «*Y si se humilla mi pueblo sobre el cual es invocado mi nombre, y oran, buscan mi rostro y se vuelven de sus malos caminos, entonces yo oiré desde los cielos, perdonaré su pecado y sanaré su tierra*».
>
> El cambio en un grupo de personas como colectivo, ya sea una iglesia, una denominación, una ciudad o un pueblo, comienza con la **humildad.** La humildad nos lleva a la **unidad** en oración y al **arrepentimiento** que resulta en un cambio tanto individual como colectivo. El arrepentimiento abre la puerta para que Dios nos oiga, derrame perdón y **sane** nuestra tierra.

La intención de esta introducción es explicar la teología y el proceso que lleva a resolver los conflictos colectivos. Este recurso fue diseñado originalmente para una iglesia local, pero hemos visto que también se aplica a todo colectivo, desde una iglesia local hasta una nación. El acercamiento de Libertad en Cristo se puede resumir con tres palabras:

La VERDAD – Esto implica conocer la verdad de quiénes somos en Cristo; como hijos amados. Es importante entender la naturaleza de la batalla espiritual. Nos basamos en la verdad de Dios, creemos lo que dice su Palabra, en el testimonio y la presencia del Espíritu de verdad.

El ARREPENTIMIENTO – Ofrecemos un proceso para resolver conflictos espirituales y personales. Proveemos herramientas para que las personas y los sistemas humanos (colectivos) dejen atrás lo que les desvía y se vuelvan a Dios a través del arrepentimiento y la fe.

La TRANSFORMACIÓN – Enseñamos y damos ejemplo de cómo entregarnos de lleno y de por vida a la transformación mediante la renovación de nuestra mente. Ofrecemos la herramienta «Demoledor de bastiones». Animamos a integrar ritmos de descanso. Regresamos vez tras vez a la fe y al arrepentimiento. El objetivo es que todo lo anterior se convierta en un estilo de vida, tanto para individuos como para todo un colectivo de personas desde una iglesia hasta una nación.

Al poner por obra los principios bíblicos que recogen estas tres palabras de la VERDAD, el ARREPENTIMIENTO y la TRANSFORMACIÓN reflexionemos sobre Juan 17:13-23. Aquí Jesús ora por sus discípulos, pide **protección del maligno** y **unidad en Cristo** para que el mundo le conozca. También nos da las claves para vivir la transformación como un estilo de vida.

PROTEGERNOS DEL MALIGNO

«No te pido que los quites del mundo, sino que los *protejas del maligno*. Ellos no son del mundo, como tampoco lo soy yo. Santifícalos en la verdad; tu palabra es la verdad. Como tú me enviaste al mundo, yo los envío también al mundo». – Juan 17:15-18

Si la mayor batalla espiritual se disputa entre el reino de la oscuridad y el reino de la luz, y si el propósito eterno de Dios es dar a conocer su sabiduría por medio de la iglesia a los poderes y autoridades espirituales, ¿cómo lo llevamos a la práctica? Creer en un demonio personal fue una doctrina aceptada por la iglesia primitiva y hasta la fecha por la iglesia. Pero muchos cristianos de la iglesia occidental vivimos como si el demonio no existiera y con un limitado entendimiento de la forma en que el mundo espiritual afecta al mundo natural. A menudo no vemos, o no entendemos, la interacción entre ambos. Otras veces, optamos por ignorar la realidad del maligno. En los círculos liberales, creer en el demonio es poco académico. Como consecuencia, nos hemos convertido en guerreros ciegos que no saben identificar a su enemigo; nos atacamos entre nosotros y peleamos con los de fuera.

La iglesia está tan llena de individuos heridos que, a menudo, terminamos viéndola como un hospital para sanar y restaurar a la gente enferma; pero eso no es lo que Cristo tenía en mente. La iglesia es más bien como un destacamento militar, llamado a destruir las fortalezas que se levantan contra el conocimiento de Dios (2 Corintios 10:3-5). Afortunadamente, dentro del destacamento militar se encuentra la enfermería. Gracias a Dios el destacamento militar tiene una enfermería y este existe para que los soldados puedan recobrar su salud y salir de nuevo a la primera línea de batalla. De esta forma la iglesia puede ser sal y luz y ver el Reino de Dios avanzar.

El Señor no nos ha dejado indefensos. Cristo es nuestro santuario, nuestro lugar seguro, y él nos ha equipado con la armadura de Dios. En Cristo tenemos todos los recursos necesarios para mantenernos firmes y resistir al diablo. Pero si no asumimos nuestra responsabilidad, esos recursos quedarán sin uso. Él nos anima a ponernos toda la armadura de Dios (Efesios 6:10-18). Así mismo dice «Revístanse ustedes del Señor Jesucristo, y no se preocupen por satisfacer los deseos de la carne» (Romanos 13:14). También es nuestra responsabilidad «resistir al diablo» (Santiago 4:7). Si no lo hacemos, si no asumimos nuestra responsabilidad, quedamos desprotegidos, caemos en las trampas del enemigo y quedamos atrapados.

Hace algunos años entrevistamos a 1.725 adolescentes cristianos de 15 a 18 años. El 70% de ellos había escuchado voces en su cabeza, o luchaba constantemente con malos pensamientos. El 24% tenía el pensamiento intrusivo e impulso de matar a alguien. Nosotros no lo consideramos un fenómeno natural. Creemos en 1 Timoteo 4:1 que dice: «El Espíritu dice claramente que, en los últimos tiempos, algunos abandonarán la fe para seguir a inspiraciones engañosas y doctrinas diabólicas». ¿Eso es lo que acontece actualmente? Sí, alrededor de todo el mundo. Es importante que creamos en esta realidad espiritual que afecta tanto a individuos como al colectivo.

¿Los problemas son solo espirituales o solo psicológicos? Preguntarse si los problemas personales y colectivos son espirituales o psicológicos nos lleva a una falsa dicotomía. Nuestros conflictos son siempre psicológicos. La psicología se define como el estudio de nuestra mente y alma , y ambas son parte del proceso. Así mismo nuestros problemas son siempre espirituales. En ningún momento Dios está ausente o es irrelevante. Él en este momento «sostiene todas las cosas con su palabra poderosa» (Hebreos 1:3) y no debemos quitarnos la armadura de Dios ni un instante. La posibilidad de ser tentado, acusado o engañado es una realidad continua. La Biblia nos enseña que el mundo invisible es tan real como el visible, «ya que lo que se ve es pasajero, mientras que lo que no se ve es eterno» (2 Corintios 4:18). Si logramos aceptar esa verdad, dejaremos de encapsularlo todo en un ministerio psicoterapéutico que ignora la realidad espiritual o en un ministerio de liberación que ignora los asuntos de desarrollo y responsabilidad humana. Debemos tomar en cuenta la realidad completa que incluye lo espiritual, lo psicológico y lo biológico y esforzarnos para encontrar una solución equilibrada a nuestros problemas. Pero es importante reconocer que en el occidente somos propensos a no tomar en cuenta la realidad espiritual.

La respuesta básica para resolver los conflictos, ya sean personales o colectivos, es someternos a Dios y resistir al diablo, y entonces él huirá de nosotros (ver Santiago 4:7). Tratar de resistir al diablo sin primero habernos sometido a Dios , lo convertiría en una pelea de perros. Ese es el error habitual de los ministerios de liberación: confrontan a los demonios directamente, sin que la persona atada se haya entregado primero a Dios. Pero por otro lado, también es posible someterse a Dios sin resistir al demonio y permanecer en esclavitud. Lo trágico es que muchos ministerios de restauración no hacen ni lo uno ni lo otro.

Someternos a Dios requiere que nos enfrentemos al pecado en nuestras vidas. El pecado es como la basura que atrae a las moscas; las moscas vienen a ser los demonios. Naturalmente queremos deshacernos de ellas, pero la solución más eficaz es deshacernos de la basura. Una vez eliminada la basura, las moscas no tendrán razón para andar por allí. El arrepentimiento y la fe en Dios han sido la única respuesta en toda la historia de la iglesia, y lo seguirán siendo.

LA PRIORIDAD DE LA UNIDAD EN CRISTO

«No ruego sólo por éstos. Ruego también por los que han de creer en mí por el mensaje de ellos, **para que todos sean uno**. Padre, así como tú estás en mí y yo en ti, permite que ellos también estén en nosotros, **para que el mundo crea** que tú me has enviado». – Juan 17:20-23

A menudo la gente dice que vive en una zona particularmente oscura y dura hacia el evangelio. A veces quieren saber qué espíritus malignos se oponen a la iglesia local. Puede que seamos capaces de revelarles cuál es el principal espíritu que se opone a la iglesia en su zona. Si existe una seria falta de unidad a causa del orgullo, el espíritu que se opone ¡es el Espíritu Santo! I Pedro 5:5 dice que «*Dios se opone a los orgullosos, pero da gracia a los humildes*». Queremos hacer discípulos y no convertidos en nuestras iglesias, comunidades, ciudades y naciones. En este proceso es clave la libertad y conocer nuestra identidad. Como hemos visto, necesitamos vivir **protegidos del maligno** y también **vivir unidos en Cristo**.

El Dr. Edgardo Silvoso escribe en su libro Ekklesia:

*«Guatemala es un hermoso país que cuenta con el mayor porcentaje de cristianos nacidos de nuevo en Latinoamérica. Cuando a este dato se le agrega que Guatemala ha tenido dos presidentes que osadamente compartían su fe e instaban al pueblo a recibir a Cristo, más las vibrantes mega-Iglesias allí plantadas y una red nacional de emisoras Cristianas que saturan el país con enseñanzas bíblicas, se dan todos los elementos necesarios para transformar una nación. Sin embargo, Guatemala está clasificada entre las cinco peores naciones del caribe y Latinoamérica en lo que respecta a seguridad, economía y transparencia en el gobierno. Tanto es así que se encuentra por debajo de Haití, una nación que está en el polo opuesto en cuanto a religión ya que está sumida en la brujería y hechicería. ¿Cómo puede ser esto? Respetuosamente sugiero que este bajo ranking se deba a que **la Iglesia no se propuso discipular a la nación, sino más bien a evangelizar a las personas**. Integrar estas dos dimensiones de la Gran Comisión es necesario para que una nación sea transformada…»*

Discipular a individuos, iglesias, ciudades y naciones que conocen su identidad en Cristo, marcará una diferencia en las personas, en las familias, en sus entornos y así se verá un aumento de salvación pero también de belleza y justicia. Al saber quienes somos, no solo como personas, si no como colectivos de personas, podremos de forma natural, o más bien sobrenatural volar como águilas y hacer las buenas obras que Dios tiene preparado para nosotros (Efesios 2:8-10).

¿Cuál fue el tema principal de la oración de Jesús por quienes vendríamos después de los doce, antes de iniciar el camino hacia la cruz? Él hubiera podido orar por un sinnúmero de temas, pero escogió enfocarse en uno solo: que fuésemos uno, y ¿con qué objetivo? Leamos Juan 17:20-23:

«No ruego sólo por éstos. Ruego también por los que han de creer en mí por el mensaje de ellos, para que todos sean uno. Padre, así como tú estás en mí y yo en ti, permite que ellos también estén en nosotros, para que el mundo crea que tú me has enviado» (Juan 17:20-23).

El proceso de fe y arrepentimiento de *Los Pasos hacia la libertad en Cristo* se aplica a individuos, matrimonios, iglesias, comunidades, ciudades y a toda una nación. ¡Imagínate lo que sucedería en tu iglesia, barrio, ciudad y nación si los líderes y demás personas de las iglesias se juntaran en humildad y en un espíritu de unidad y arrepentimiento! El proceso de fe y arrepentimiento de *Los Pasos hacia la libertad en Cristo* se aplica a individuos, matrimonios, iglesias, comunidades, ciudades y a toda una nación.

En tu vida y en tu iglesia, ¿qué pecados hay? Y en la ciudad donde vives, a lo largo de su existencia, ¿qué pecados colectivos ha habido? ¿Y en tu nación? Sería muy poderoso reunir a un grupo de líderes para escuchar a Dios y juntos confesar, renunciar al pecado y declarar la verdad sobre tu ciudad y nación.

En la oración del Padre nuestro, Jesús es muy específico cuando pide «...Venga tu reino. Hágase tu voluntad, así en la tierra como en el cielo...» (Mateo 6:9-13). El fruto de discípulos libres es andar humildemente con su Dios, amar la misericordia y hacer justicia para el entorno donde viven, que incluye su familia, iglesia, barrio, lugar de trabajo, ciudad y nación (Miqueas 6:8).

RESUMEN DEL PROCESO Y REQUISITOS

INTRODUCCIÓN

Los mayores ladrones de energía e impulso de un ministerio son: los patrones disfuncionales de liderazgo, las luchas internas, los conflictos y pecados no resueltos del pasado. *Libertad en Cristo* se complace en facilitar un retiro para los equipos de liderazgo de una iglesia, ministerio o denominación con el propósito de abordar los problemas existentes y así mismo, aprender herramientas que les permitan prevenir y evitar los que surjan en el futuro. Este programa, se basa en el proceso descrito en el libro de Neil Anderson, «Remodelando a la iglesia» (Setting your Church Free).

Este proceso es útil para toda iglesia o comunidad, no solo las "conflictivas". No existe iglesia perfecta. La reflexión sincera en fe y con arrepentimiento colectivo siempre es útil.

OBJETIVOS

1. Comprender cómo nos ve Dios, para que podamos evaluar nuestro propio ministerio a fin de resolver cualquier problema que nos impida cumplir el propósito de Dios para nuestra iglesia/organización.

2. Eliminar cualquier punto de apoyo e intervención que el enemigo ha tratado de integrar en nuestra estructura colectiva.

3. Producir un plan de oración y acción para ayudarnos a cambiar las ideas y mentalidades colectivas inútiles y hacer los cambios prácticos necesarios.

CONTENIDO

Este es un proceso para establecer patrones de liderazgo saludables y necesarios para guiar un proceso de renovación y reenfoque dirigido por el Espíritu. Para hacer esto, se deben abordar los patrones de pecado personal y colectivo. Estos pasos se basan en Apocalipsis 2 y 3. Aunque están escritos para las siete iglesias, los principios se aplican a cualquier situación colectiva, pero especialmente a las iglesias y organizaciones cristianas:

Paso 1– LAS FORTALEZAS (los puntos fuertes):

¿Qué diría Jesús positivamente acerca de quién eres y qué estás haciendo bien?, ¿Qué elogiaría Jesús sobre quién eres y lo que haces? «Conozco tus obras...» (Apocalipsis 2: 2).

- ¿Qué has hecho y continúas haciendo bien?
- Reconoce y celebra estas fortalezas.

Paso 2 – LAS DEBILIDADES:

¿Qué tiene Jesús contra ti? «Pero tengo esto contra ti ... «(Apocalipsis 2: 4).

- Pecados de comisión y omisión.

- Realiza un examen individual para escribir y describir los aspectos tensos y sin resolver que impiden la realización de las metas, proyectos y acciones colectivas que el Señor ha planeado para tu organización o iglesia. Se sugiere realizar este proceso de manera individual y posteriormente discutirlo en equipo.

Paso 3 – LAS MEMORIAS gratas y dolorosas (recuerdos):

Para la realización de este paso, se sugiere pedirle a Dios que te recuerde las mayores victorias, historias y puntos de referencia en la historia del ministerio, así como los eventos traumáticos del pasado. Este principio se basa en las «piedras conmemorativas» de Josué 4 y Salmo 145: 1-7.

- Algunos recuerdos dolorosos están conectados a nombres reales y bien puede ser de alguien presente en el grupo. Aquí usamos nombres reales porque debemos caminar en la luz y el verdadero perdón lo requiere.

- No podemos cambiar los hechos que recordamos, pero podemos cambiar su significado y el poder que tienen sobre nuestra forma actual de operar.

- Se alienta a todos los participantes a orar individual y audiblemente para perdonar, liberar y bendecir a quienes nos han lastimado.

- Este paso requiere un descanso en el retiro. Durante el descanso, si hay alguien en la sala con quien necesitas hablar, puedes resolver el asunto antes de continuar con el proceso.

Paso 4 – LOS PECADOS COLECTIVOS:

Estos son patrones de comportamiento que desagradan a Dios; que son contrarios a su voluntad revelada y que tienen en común todo el grupo o un número significativo de personas dentro del grupo (Levítico 26: 40; Esdras 9: 5-7; Nehemías1: 5-7; 9:33; Salmo 106; Jeremías: 16: 10-13; Daniel 9: 4-19; Apocalipsis 2:4,20; 3:1,15).

- Requiere una acción colectiva por parte de los líderes para discernir y tratar con ellos (Josué capítulos 7 y 8).

- Ejemplos: chismes, rebelión, disensión, pereza, liderazgo disfuncional, patología organizacional, tolerancia del pecado, inmoralidad, luchas de poder, espíritu crítico, orgullo, abuso de autoridad espiritual, falta de perdón, supervisión espiritual débil, reuniones secretas, etc.

- El discernimiento grupal es determinante aquí por encima de las opiniones de los individuos.

- Se le indicará a cada persona que ore en voz alta por su participación personal en estos pecados y no por los pecados de otra persona.

Paso 5 – LOS ATAQUES ESPIRITUALES:

Satanás atacará especialmente a los líderes y a sus familias debido a lo que hacen bien, a su éxito (Apocalipsis 2:9-10, 13, 24; 3:7).

- Los ministerios centrados en Cristo pueden experimentar oposición espiritual y depende del liderazgo espiritual de la organización o iglesia discernir estos ataques y hacer algo al respecto.

- Es deber de la organización o iglesia, consagrar las instalaciones, ministerios, familias y recursos que Dios ha traído para su honor y gloria y así mismo detectar la manera en que Satanás está creando oposición.

- Satanás puede obtener acceso a los edificios e instalaciones de la organización o iglesia por:
  1. Pecados cometidos en las instalaciones.
  2. Objetos extraños u ocultistas en las instalaciones.

3. Personas rebeldes y pecaminosas que tienen influencia en el uso de las instalaciones, en la dirección del ministerio o que contaminan a otros a través de falso testimonio, consejo o inmoralidad.

4. ¿Qué pasa con el agotamiento, el desánimo, el conflicto matrimonial, la división, peleas, deserciones del ministerio e incluso los suicidios? (Satanás se opuso a que Pablo fuese a Tesalónica…)

Paso 6 – PLAN DE ORACIÓN Y ACCIÓN:

Así como en Apocalipsis se escribieron las cartas a las 7 iglesias, nuestra organización o iglesia escribirá su propia carta a Jesús. Basado en Apocalipsis 2 y 3. (Ver el ejemplo en el libro de trabajo).

Este paso sintetiza todo lo que Dios mostrará en declaraciones específicas de los participantes:

* ***RENUNCIAMOS*** - …al mal (ataques, pecados colectivos, conflictos y debilidades), **arrepentirse** (Apocalipsis 2: 5)», es parte del proceso, como respuesta a nuestra instrucción de obedecer y honrar a Dios.

* ***DECLARAMOS*** - …el opuesto bíblico en positivo, redactado en términos de tus recursos en Cristo que nos llama a **recordar** (Apocalipsis 2: 5).

* ***AFIRMAMOS*** - …una promesa bíblica que alienta y motiva, como respuesta a **perseverar** (Apocalipsis 3:19).

* ***ESTO HAREMOS*** - Un compromiso con un paso de acción, como respuesta a **obedecer** (Apocalipsis 3:20).

Paso 7 – LA ESTRATEGIA DEL LIDERAZGO:

Aquí el liderazgo desarrollará una estrategia para implementar el Plan de Oración y Acción. En el caso de una iglesia local, en cada ministerio y miembro; en el caso de una organización, en cada departamento; en el caso de una denominación, en cada región, ministerio e iglesia local.

En este Paso se responde a la pregunta, ¿cómo quiere el Señor que implementen como grupo este Plan de Oración y Acción? A menudo este Paso queda como asignación pendiente para los líderes por no haber tiempo durante el retiro.

TÍTULO DEL RETIRO

Como parte del proceso particular de cada organización, ministerio, empresa o iglesia, y del fortalecimiento de su identidad, las mismas podrán definir el nombre especial de su encuentro o retiro. Pueden escoger un nombre que responda a su realidad actual, de manera que afirme la experiencia de una iglesia u organización libre en Cristo. El título, «Libertad para tu Iglesia-Ministerio-Organización», puede sonar demasiado negativo y puede crear ansiedad.

Algunas sugerencias:

1. «Retiro de liderazgo»
2. «Tiempo de espera de los líderes: redescubriendo la libertad, la renovación y la visión»
3. Iglesia Libre

¿Quién debe asistir?

Todos los miembros del equipo de liderazgo e idealmente con sus cónyuges.

Pre-requisitos:

Hay tres requisitos previos que son indispensables para que el proceso tenga éxito:

1. **Todos los miembros del equipo deben asistir;** si una sola persona no puede asistir, habrá que cancelar y programar para otra fecha. Esto se debe a que el equipo avanzará mucho en su manera de pensar durante el retiro y, si alguien queda fuera, puede ser divisivo a largo plazo. Además, cada miembro del equipo tiene una perspectiva que los demás necesitan escuchar.

2. **Todos los que asisten deben haber recibido la enseñanza principal de Libertad en Cristo.** Hay tres opciones:

   - Hacer las 10 sesiones del Curso de Discipulado de Libertad en Cristo

   - Hacer el Curso de Libres para Liderar

   - O leer «Victoria Sobre la Oscuridad» y «Rompiendo las Cadenas»

3. **Todos deben tener una cita individual o grupal** de *Los Pasos Hacia la Libertad en Cristo.*

Queremos asegurarnos de que todos estén preparados para ser humildes y para enfrentar cualquier problema personal que el Espíritu Santo les muestre. Ten en cuenta que **es ideal una cita individual de *Los Pasos* donde un facilitador e intercesor te guían en el proceso.** 1 Juan 1: 7 dice: «Si caminamos en la luz como él está en la luz, tenemos comunión unos con otros, y la sangre de Jesús su Hijo nos limpia de todo pecado. Si decimos que no tenemos pecado, nos engañamos a nosotros mismos y la verdad no está en nosotros». Queremos asegurarnos de que todos los asistentes han podido tratar cualquier asunto pendiente con Dios para poder tener una auténtica comunión el uno con el otro. Es por este motivo que **la cita individual de *Los Pasos*, se debe realizar dentro de los tres meses anteriores al retiro de Libertad en Cristo para tu Iglesia ministerio-organización,** incluso si la has hecho anteriormente.

> **ATENCIÓN:** *Si estos pasos no se cumplen, no podemos facilitar el retiro, pues aunque suene un poco severo, hemos aprendido por experiencia que dicho proceso es necesario para lograr con éxito los propósitos del programa.*

Ten en cuenta que Libertad en Cristo puede ayudarte a organizar algunas citas individuales que puedas necesitar. Una opción para que los equipos de liderazgo se familiaricen con la enseñanza principal de Libertad en Cristo sería hacer juntos el curso «Libres para Liderar». Este curso está disponible on-line doblado al español. Lo puedes encontrar en www.libertadencristo.org. Este curso también ayudará a prepararlos para el encuentro, al explicar la dinámica espiritual que funciona en las organizaciones.

NOTAS FINALES

1. Todo este proceso se basa en la **comprensión teológica de los sistemas humanos** (personalidad colectiva). Esta comprensión forma parte de varias propuestas de teología sistemática que nos muestran que en la historia de la nación de Israel las acciones de los individuos no se consideraron incidentes aislados. No podían separarse de las acciones del grupo (Josué 7-8). El principio de que todo un grupo se ve afectado por las acciones de uno de sus miembros (especialmente de un líder) es obvio en las Escrituras.

2. **Las personas no pueden ir más allá del nivel del equipo de liderazgo**. Si los líderes no son libres en Cristo, tampoco lo serán las personas bajo su liderazgo. En otras palabras, si el equipo de liderazgo no está operando dentro de un entorno colectivo de cooperación y confianza, esto no solo limitará su efectividad, sino que inhibirá a quienes están bajo su autoridad.

3. Recomendamos que los grupos sean de un **máximo de 20 personas** aunque puede haber excepciones. Con un grupo de más de 10 personas el facilitador tendrá que delegar parte del trabajo de redacción a grupos más pequeños pero representativos. Los grupos de redacción traerán su trabajo al grupo grande para su revisión.

4. **No somos expertos sino facilitadores** que guían al equipo a través de este proceso. Cumplimos con los requisitos de 1ª Timoteo 3 y Tito 1. Tenemos experiencia en trabajar con líderes de la iglesia, pero el resultado dependerá de ti y del equipo que se reúne.

5. Es importante que **el facilitador no sea el pastor principal o el director de la organización**. Debe ser alguien de confianza, objetiva y que conozca bien este proceso de la libertad colectiva. Libertad en Cristo de tu país o región puede sugerir un facilitador.

6. Al comunicarte y reunirte con el grupo que asistirá al retiro, guíales en momentos de **oración para pedirle a Dios que prepare los corazones**. Esto crea un sentido de anticipación por lo que Él quiera mostrarnos. Ora específicamente, rechaza las artimañas del enemigo contra tu equipo pues él intenta traer acusaciones falsas (Zacarías 3:1-7, observa la responsabilidad del liderazgo en el v.7) y rechaza todo intento del enemigo de corromper el avance hacia la unidad, Juan 17. Puedes usar 2 Crónicas 2: 5-7; 29-31, Joel 1 y 2 (estos son solo tres de los 12 momentos de avivamiento encontrados en el AT), y la asamblea solemne del aposento alto que vemos en Hechos 1: 12-26 como devocional para los momentos de oración conjunta.

7. **Como líder de la organización, serás parte del proceso. Otra persona que no sea parte de la iglesia debe facilitar el proceso.** Esto te dará la libertad de participar libre y abiertamente durante el proceso de los pasos colectivos. Sin embargo, el equipo seguirá tu ejemplo en el nivel de apertura y transparencia. Por eso te animamos a que tú lo modeles como su líder. Deben sentirse libres de compartir lo que hay en su corazón. En otras palabras, tu ejemplo creará el «ethos» para el retiro, no solo por lo que compartas sino por cómo lo comuniques.

Somos conscientes de que te acabamos de dar muchísima información. Es porque queremos que tengas una idea de todo el proceso para que puedas responder a las preguntas, puedas proyectar la visión y para ofrecerte algunas sugerencias mientras preparas a tu equipo para el retiro. Finalmente, si seguimos adelante con el proceso, te pediremos que nos envíes la siguiente información:

1. Nombres y puestos que ocupan, de todos los asistentes en tu equipo.

2. Confirmación de que cada uno ha pasado por la enseñanza principal de Libertad en Cristo.

3. Confirmación de que cada uno ha tenido una cita individual de *Los Pasos*.

4. Documentos anexos que hayan creado sobre su misión, visión, declaraciones de propósito, metas y objetivos que se han establecido.

5. En tu opinión, ¿cuáles son los problemas esenciales que causan conflictos no resueltos en tu iglesia, ministerio u organización? ¿A qué preocupación o desafío importante se enfrentan?

—LOGÍSTICA—

I. HORARIOS

HORARIO I- *una tarde y dos días enteros (el ideal)*	HORARIO 2 - *dos tardes y un día entero (mínimo)*
DÍA 1	**DÍA 1**
16:00-16:20 Bienvenida y café 16:20-16:40 Adoración y oración 16:40-18:45 Introducción al retiro y Para comenzar **19:00 CENA** 20:00-21:00 Inicio & Paso 1– Las **FORTALEZAS**	17:30-21:30
DÍA 2	**DÍA 2**
08:00 DESAYUNO 09:00-09:15 Adoración y oración 09:15-09:30 Reflexión y preparación para el día 09.30-10:30 **Paso 2 – LAS DEBILIDADES** 10:30-11:00 **Paso 3A – MEMORIAS GRATAS** 11:00-12:45 **Paso 3B – MEMORIAS DOLOROSAS** **12:45 ALMUERZO** 14:00-15:30 **Paso 4 – LOS PECADOS COLECTIVOS** 15.30-16:40 **Paso 5 – LOS ATAQUES ESPIRITUALES** **16:40-17:00 Café** 17:00-17:30 **Paso 6 - Orientación al Plan de ORACIÓN y ACCIÓN** 17:30-18:30 Completar partes o descanso **19:00 CENA** 20:00-22:00 Completar partes o tiempo lúdico	17:30-21:30
DÍA 3	**DÍA 3**
08:00 DESAYUNO 09:00-09:15 Adoración y oración 09:15-11:00 **Paso 6 - Plan de ORACIÓN y ACCIÓN** A solas en oración, grupos pequeños y grande 11:00-11:15 Descanso 11:15-12:30 Redacción Plan de ORACIÓN y ACCIÓN **12:45 ALMUERZO** 14:00 -15:30 **Paso 7 – La ESTRATEGIA del LIDERAZGO** Implicaciones y pasos siguientes - plan/ aplicación ministerios, regiones e iglesia/s local/es 15.30-16:30 Santa Cena/testimonios/declaración	08:00-19:00

2. Necesitaremos **una sala que sea lo suficientemente grande** como para manejar el tamaño del equipo cómodamente y donde podamos dividirnos en grupos pequeños. También debe tener abundante espacio en la pared, ya que escribiremos listas para cada paso en papeles grandes que se colgarán en la pared hasta el final del retiro.

3. **El equipo deben ser los titulares del equipo ejecutivo** y los que toman las decisiones claves en la iglesia/ministerio/empresa. También recomendamos encarecidamente que se invite a los cónyuges (si son parte de la iglesia/denominación/ministerio), puesto que generalmente están sufriendo mucho y pueden estar causando algunos de los problemas. Si no se incluyen, es posible que solo se lidie con la mitad de los problemas.

4. Necesitaremos **una buena cantidad de cartulinas**, papelógrafo o papel tamaño grande con rotuladores/marcadores y cinta adhesiva para colgar las hojas de trabajo en la pared. También necesitamos **un televisor con pantalla grande** con cable HDMI o un proyector y sonido.

5. En preparación para el retiro el facilitador proveerá un resumen del proceso para todos los asistentes. Todos los líderes que vayan a asistir al retiro deberán leer este resumen. Recomendamos que el facilitador tenga por lo menos una reunión virtual o presencial con todo el equipo de líderes antes del retiro.

6. Deberá designar a alguien como **secretario** para el retiro. Su trabajo será apuntar los puntos principales (aunque algunas cosas, como los recuerdos dolorosos, no se apuntan). Se recomienda usar una computadora portátil/laptop.

   Este retiro se basa en la premisa de la libertad personal en Cristo. La libertad colectiva es imposible para cualquier organización cuyos líderes no hayan resuelto sus conflictos personales y espirituales antes de este tipo de evaluación a nivel colectivo. Por lo tanto, cada persona que asista debe haber tenido su propia cita individual de *Los Pasos Hacia la Libertad en Cristo*.

7. Concluiremos el retiro con la **Santa Cena**. Por favor preparen lo necesario, como pan, jugo o vino y vasos.

PRESENTACIONES E INTRODUCCIÓN – *60 MINUTOS*

Nota para el líder/ facilitador: *Este libro está diseñado para que lo uses y leas tal cual está escrito. Sin embargo te recomendamos que lo revises para personalizarlo y adaptarlo a tu contexto. Puedes reemplazar las historias y dar algunos ejemplos pero evita la tentación de enseñar y predicar. Lo importante es dar lugar al Espíritu Santo para que los líderes, con quienes estás, puedan ser guiados por el Señor en todo el proceso de principio a fin. El Señor te usará como facilitador. ¡Adelante! Descansa en él.*

Bienvenidos al retiro de Libertad en Cristo para tu iglesia-denominación-organización. Antes de seguir es importante nombrar a alguien como secretario para tomar apuntes y notas en una computadora (por ejemplo, copia lo escrito en las cartulinas/papelógrafo/rotafolios). De esta primera parte de presentaciones solo tiene que apuntar los nombres de las personas presentes y sus cargos.

De forma muy breve quiero presentarme y presentar a nuestro equipo de Libertad en Cristo… Ahora te invito a que te presentes. Tendrás treinta segundos para compartir cuatro cosas:

1. Tu nombre.
2. Tu rol en la iglesia/denominación/organización.
3. Una palabra o frase muy corta que describe tu experiencia del Curso de Discipulado y los Pasos hacia la Libertad en Cristo.
4. Un hobby/pasatiempo.

15 minutos

PIENSA *a solas y en silencio (1 minuto) Si te ayuda a ser más conciso, escribe tu respuesta*

COMPARTE *en 30 segundos o menos tu nombre, rol en la iglesia/organización y un pasatiempo*

INTRODUCCIÓN AL RETIRO

A. TENGAMOS EN CUENTA TODA LA REALIDAD

Repasemos lo siguiente (lo verás en las diapositivas de PowerPoint):

- ¿Cuál es el propósito de la Iglesia?
- Recuerda que en Cristo, tenemos todo lo que necesitamos.
- Por un lado la iglesia está en declive en algunas partes del mundo (en Europa Occidental) pero en otros contextos como en _____ y toda Latinoamérica tenemos muchos desafíos. A menudo nos hemos volcado en hacer convertidos más que discípulos libres, sanos y santos.

Nota para el líder/facilitador: Averigua algún dato histórico positivo de la iglesia u organización y considera compartirlo como parte del siguiente testimonio.

Usa este ejemplo u otro similar *(que muestre los logros pero también los fallos de la iglesia):*
La iglesia, por la gracia de Dios, ha sido usada poderosamente al proclamar las buenas noticias de Jesús con palabras, hechos y a hacer obras de justicia y misericordia. Los cristianos en la historia fundaron muchos de los hospitales más antiguos, crearon organizaciones como la Cruz Roja, trabajaron por la emancipación de los esclavos y para que las mujeres tuviesen el derecho al voto. Eso y mucho más. Pero la iglesia también ha fallado a lo largo de los siglos y recientemente también. En América Latina como en otros lugares del mundo, la iglesia crece numéricamente pero no siempre en discípulos sanos y fructíferos.

En enero del 2022 Roberto y Nancy conocieron a una creyente Católica que conoce y ama a Dios. Hablaron de su amor por Cristo y al contarle que eran evangélicos, la mujer dijo : «Me encanta la música y los programas de los evangélicos, pero no las personas. Las mujeres son muy chismosas y hacen muchísimo daño. No soporto a las personas». Se refería a la hipocresía y el chisme de las mujeres evangélicas. E imagino que de los hombres también; líderes y pastores que dicen una cosa pero hacen otra. ¡Que triste! Nuestra meta no es solo una iglesia numerosa, sino una iglesia que ama a Dios y a las personas; una iglesia humilde, unida, potente, santa y sana.

- La iglesia está llamada a ser santa y a ser un instrumento de sanidad, no de daño.
- Es importante entender que hay una batalla espiritual y aprender cómo ganarla.

Durante este retiro vamos a pedirle a Jesús, tal como hizo con las siete iglesias en Apocalipsis, que nos escriba una carta. Dios quiere hablarte, él quiere hablarnos.

En Libertad en Cristo hemos visto como Dios habla y obra cuando un grupo de personas, ya sea una iglesia o un colectivo, declara las verdades de Dios y renuncia al pecado colectivo; Él sana su tierra. Hace algunos años vimos algunos ejemplos de esto a nivel de todo un país, «Liberia» —en África Occidental. Como resultado las dos facciones en conflicto dejaron las armas y hubo un cambio de dirección. Hay otros ejemplos de cambio a raíz de la fe y el arrepentimiento colectivo en humildad tales como Ciudad Juárez, México.

Es importante entender que:

- **Nuestra batalla no es contra carne ni hueso, sino contra fuerzas espirituales malignas** (Efesios 6:12).
- **La batalla espiritual contra fuerzas malignas y demoníacas es muy real** – no nos engañemos.
- **El objetivo de Satanás** es neutralizarnos tanto individualmente y como cuerpo colectivo.
- Es importante, como individuos, como iglesias, y como organizaciones cristianas, **cerrar toda**

puerta abierta al enemigo. En Libertad en Cristo hemos desarrollado una metodología, y un modelo para aplicar las verdades bíblicas de forma práctica y sistemática.

B. EL PECADO COLECTIVO y LA IDENTIDAD COLECTIVA

Reflexiona un momento: ¿Cómo nos puede influenciar Satanás?. En **Josué capítulos 7 y 8 leemos acerca del pecado de Acán.**

Acán es el que peca, pero el Señor dice *«Israel ha pecado; han violado mi mandato».* Josué 7:1 dice que la ira del Señor se encendió, ¿sobre Acán? No, sobre «ellos». Cuando el tema del pecado permanece, pierden lo que debería ser una batalla fácil. Cuando lo resuelven confesando este pecado que afecta a todo el colectivo, ganan. No es de extrañar que los últimos versículos de este episodio muestren a Josué asegurándose de que cada persona lea toda la ley de Moisés, incluso las bendiciones que siguen a la obediencia y las maldiciones que vienen de la desobediencia.

Es evidente una y otra vez, que en lo que concierne a Dios, el pecado de un solo miembro afecta a todo un colectivo. Es obvio en la Palabra de Dios, pero es un concepto que hemos olvidado por nuestra cultura individualista. Esta es la doctrina bíblica de la «personalidad colectiva». Dios ha establecido que ciertos grupos de personas son entidades colectivas y los ve como una persona con derecho propio. Ejemplos de esto incluyen al pueblo de Israel y a la Iglesia tal y como aparecen en las cartas a las iglesias en Apocalipsis.

Según la ley, a un sistema humano (un colectivo) o una sociedad limitada (una corporación) se le puede atribuir una personalidad jurídica propia y la capacidad para actuar como sujetos de derecho —aparte de sus propietarios, directores y personal. Puede firmar contratos y se la puede demandar. Si todos los miembros fundadores murieran o dejaran la entidad, ésta continuaría con nuevos miembros. En otras palabras, según la ley, una corporación es una persona jurídica con derecho propio.

Con esto en mente, veamos cómo el enemigo obra en nuestra contra en una iglesia local. En Efesios 4:25-27 Pablo insta a los miembros de un solo cuerpo a dejar la falsedad y hablar con verdad y dice, «si se enojan, no pequen» y continúa diciendo que no dejen que el sol se ponga sobre su enojo y no den cabida al diablo. La palabra en griego que se traduce como cabida es «topos» que significa un lugar o punto de influencia. La presencia demoníaca es un síntoma de que hay pecado. Le quitamos ese lugar de influencia al enemigo poniendo en práctica Santiago 4:7 —al someternos a Dios y resistir al diablo.

Según la Palabra de Dios los líderes actuales tienen el poder, la autoridad y la responsabilidad de reclamar el terreno cedido por sus antecesores, para así asegurar que los demonios no tengan lugar donde estar dentro de nuestra estructura colectiva.

Un ejemplo. Digamos que hace 150 años un anciano de la iglesia cayó en pecado sexual con otro miembro de la congregación. ¿Cuál sería el efecto de ese pecado? Le daría al enemigo una base, un lugar de influencia dentro de la iglesia. Cincuenta años mas tarde ese anciano y las demás personas implicadas han muerto.. ¿Acaso el lugar cedido al enemigo muere con ellas? No, porque a ojos de Dios no solo las personas implicadas tendrán que rendir cuentas de su pecado ante él, sino también al cuerpo colectivo de la iglesia. Es por eso que en el Antiguo Testamento vemos a Daniel y a Nehemías y a otros profetas arrepintiéndose de los pecados cometidos por sus antepasados espirituales. De forma concreta, el pecado colectivo sin resolver tiende a manifestarse como ser propensos a un pecado en particular como por ejemplo el control, el pecado sexual, las divisiones, etc. Y a menudo estos patrones se repiten de generación a generación, hasta que alguien lo denuncia y le pone fin.

C. SOMOS LLAMADOS A SER UN CUERPO UNIDO

Vivimos en una época muy individualista, pero Dios obra por excelencia a través de lo que la Biblia llama el cuerpo de Cristo. Somos literalmente el cuerpo de Cristo —los brazos, piernas, oídos y ojos a través de quienes obra Jesús. Tenemos diferentes dones y diferentes formas de ver las cosas, sin embargo somos llamados a trabajar en unidad, como uno en Cristo.

¿Cuál fue el tema de oración de Jesús por nosotros, quienes seguiríamos después de sus primeros discípulos? En Juan 17 él oró que seamos uno para que el mundo conozca a Jesús y sepa que somos sus discípulos. El Salmo 133 nos habla también del mandato y la bendición de la unidad. La unidad es más que una utopía. Tiene un efecto en los lugares celestiales. Si estamos unidos, seremos eficaces. Si no lo estamos, no lo seremos porque habremos cedido un lugar de influencia al enemigo en el cuerpo de Cristo.

D. EL CONFLICTO EN EL MINISTERIO

Como líderes de la iglesia y en el ministerio somos llamados por Dios quien nos ama y nos quiere capacitar, guiar y usar. Pero el liderazgo también puede ser doloroso y a veces tan intenso que no percibimos en el momento el daño que nos causan ni el daño que nosotros causamos a otros.

Ser esposo/esposa de un líder es doblemente doloroso: se siente el dolor dos veces. Por eso es bueno incluir a los cónyuges. Si no pueden participar, ya sea porque el grupo se hace demasiado numeroso o por otras razones, considera incluirlos por video llamada para los Pasos 1 y 2 (las fortalezas y las debilidades). Nos pueden ayudar a entender mejor y ampliar nuestra perspectiva. Ya sea que estén o no los cónyuges, tomen en cuenta su vida y su perspectiva.

Yo no voy a «hacer» nada por ustedes - sólo voy a servir y a facilitar un proceso donde el experto es Jesús a través de la presencia del Espíritu Santo con nosotros. Contamos con su presencia. Y confiamos que contamos con la buena disposición y presencia de cada uno de ustedes.

Una de las estrategias clave de Satanás es aprovecharse del conflicto para hacer mucho daño.

En **Hechos 15:36-41** observamos un conflicto serio en la iglesia primitiva:

- Tanto Pablo como Bernabé valoraban, y mucho, su opinión sobre si Juan Marcos los debía acompañar o no en su viaje.
- Probablemente no importaba demasiado con quién realizaban el viaje.
- Pero nos dice el texto que tuvieron «un conflicto tan serio que acabaron por separarse».
- Sin embargo, más tarde se volvieron a encontrar y volvieron a estar juntos.

Los cristianos tienden a evitar el conflicto, pero el conflicto es un hecho y una realidad de la vida.

Por un lado el conflicto puede ser negativo:

- Las palabras emitidas o son de bendición o son de maldición.
- Las heridas causadas pueden tardar años en resolverse y sanarse.
- Aún peor, le pueden dar a Satanás «un lugar» o «cabida» (Efesios 4:27 - no den cabida al diablo).

Por otro lado el conflicto puede ser útil y tener resultados positivos.

Considera el ejemplo del **transporte de bacalao** por barco:

- Si se transporta el bacalao congelado pierde su sabor.
- Si se transportan vivos en tanques de agua salada también pierden su sabor y además su textura.
- Pero si se transportan en tanques con un par de peces bagre, su enemigo natural, los resultados

son magníficos. Durante el viaje los bagres los persiguen y los bacalaos se mantienen alerta y activos. Al llegar a su destino en vez de desabridos, llegan frescos y retienen su sabor.

Dios usa a los «peces bagre» en nuestra vida para mantenernos alerta, en forma y para probar cómo reaccionamos. Pero tenemos que estar decididos y comprometidos a tener un mismo sentir; a obrar y funcionar como un solo cuerpo, en armonía dentro de la diferencia de funciones. No permitamos que un desacuerdo trivial o secundario se interponga en la unidad del cuerpo y le ceda territorio al enemigo.

Dicho esto, no podemos negar que en ocasiones habrá diferencias lo suficientemente serias que ameritan una separación. No es sabio ignorar o tolerar desacuerdos en cuanto a visión, llamado y propósito de una iglesia u organización. No olvidemos que incluso una separación puede llevarse a cabo con madurez y respeto de ambas partes, como en el caso de Pablo y Bernabé.

Nuestro tiempo juntos no se trata solo de un retiro entre muchos, no —¡Vamos al encuentro con Dios para ser confrontados y ministrados de manera profunda y significativa!

E. EXPECTATIVAS (esta parte puede realizarse como un ejercicio en grupos pequeños)

En un momento vamos a formar algunos grupos para conversar sobre nuestras expectativas, metas y deseos para este proceso. Primero cada uno tomará un minuto para pensar en silencio sobre lo siguiente:

Mis expectativas y esperanzas sobre:

- Cambios positivos – tanto personales como colectivos.
- Las cosas negativas del pasado que quieres limpiar.
- La restauración de las relaciones.
- Otras expectativas que puedas tener del retiro

Ten en cuenta que es probable que no te resulte fácil este ejercicio.

Por favor

- Recuerda lo que está en juego —este proceso es muy importante. Es importante que todos estén presentes, atentos y con corazones dispuestos en cada uno de los procesos y pasos.
- Adopta un espíritu de cooperación con humildad; deja a un lado tu propia agenda. Puedes y debes compartir tu sentir y opinión pero en humildad y cooperación, no para presionar o convencer a otros.
- Participa activamente ya seas una persona introvertida o extrovertida
- Les invito a ser auténticos, sinceros y honestos. ¡Podemos!
- Lo que se habla aquí no sale de aquí – ¡necesitamos mantener confidencialidad absoluta!

25 minutos

PIENSA a solas y en silencio sobre tus expectativas (1 minuto)
CONVERSA en grupos de dos personas (5-10 minutos)
COMPARTE en el grupo grande un resumen de cada uno para apuntar en una cartulina/ papelógrafo/rotafolio. (10-15 minutos)

A. ORAR

1. Hagamos la oración en las páginas 8-9 del libro de trabajo:

   * Primero de forma individual y en silencio.
   * Y luego todos juntos en voz alta.

     Querido Padre Celestial, abre mis ojos para ver tu verdad. Dame oídos para oír y un deseo fuerte de responder en fe a lo que el Señor Jesucristo ya ha hecho por mi.

     Creo en el Señor Jesucristo —crucificado, resucitado y en gloria— como mi único Señor y Salvador. Renuncio a toda participación pasada en religiones y experiencias no-cristianas. Proclamo que Cristo murió en la cruz por mis pecados y se levantó de la muerte para que yo fuese justificado y redimido.

     Creo que el Señor Jesucristo me rescató del poder de la oscuridad y me trasladó a su reino de la luz. Renuncio a Satanás en todas sus obras y en todos sus caminos. Proclamo que Jesucristo es mi Señor, Salvador, Maestro y Amigo. Me entrego para obedecer todos sus mandamientos. Me someto completamente a Cristo para hacer lo que él quiere que haga, para ser quien él quiere que sea, para renunciar a aquello que él quiere que deje atrás, para dar lo que él quiere que yo entregue, para convertirme en lo que él quiere que me convierta.

     Confieso, rechazo y renuncio todo pecado en el que yo haya participado. Proclamo que en Cristo he recibido redención, el perdón de mis pecados. Acepto que él me ha reconciliado al Padre Celestial y estoy agradecido que tengo paz con Dios.

     Como expresión de mi fe en el perdón que Cristo me ha dado, yo perdono a cada persona que me haya hecho daño, me haya abusado o se haya aprovechado de mí. Renuncio a mi derecho de vengarme y decido dejar que Dios se encargue de administrar su justicia perfecta como el Juez final.

     Abro todas las puertas de vida al Señor Jesucristo y le pido que tome control de cada parte de mi ser. Agradezco la llenura y la dirección de su Espíritu Santo en cada parte de mi vida. Me entrego a vivir en completa unión con el Señor Jesucristo desde este momento hasta que me encuentre ante el Trono de Justicia de Cristo y me llamen por nombre del libro de la vida del Cordero.

     Gracias, Padre Celestial, por unirme al Señor Jesucristo y con todos aquellos que te pertenecen de verdad y viven bajo tu reinado de gracia. En el poderoso nombre de Jesús. Amén.

2. Ahora, oremos como el Señor nos guíe ya sea en silencio o en voz alta. Considera formar un círculo y orar de pie tomados de la mano. Al orar tengan en cuenta:

   * La confesión y el pedir que el Espíritu Santo nos guíe y llene, ofrece oraciones de alabanza.
   * Ora por la limpieza de este salón y lugar donde nos reunimos y por protección del maligno.
   * Ora por este proceso de Libertad en Cristo para tu _____.

3. Como facilitador cerraré este tiempo orando en voz alta.

B.   REFLEXIÓN BÍBLICA – Apocalipsis 2 y 3 *(3-5 minutos)*

Vamos a leer, dialogar y procesar los textos bíblicos de las cartas de Jesús a las siete iglesias en Apocalipsis. Al escuchar la lectura fíjate en los pecados colectivos de estas iglesias. Muchos cristianos no estamos acostumbrados a pensar en pecados colectivos aunque la Biblia lo enseña. Tenemos por ejemplo Nehemías 9, Daniel 9 y también aquí en Apocalipsis 2-3. Antes de leer las siete cartas a las iglesias en Apocalipsis 2 y 3 considera lo siguiente.

Nota para el líder/facilitador: Ofrece una breve reflexión pero ten cuidado de no «predicarles». Comparte en humildad. Incluso podrías ir directamente a la lectura bíblica.

Apocalipsis comienza afirmando la identidad de la iglesia, «Al que nos ama y por su sangre nos ha librado de nuestros pecados, al que ha hecho de nosotros un reino, sacerdotes al servicio de Dios su Padre, ¡a él sea la gloria y el poder por los siglos de los siglos! Amén (Apocalipsis 1:5b,6)». Porque **Jesús ama a su iglesia mundial y ama a su iglesia local**, les ha hecho un reino de sacerdotes.

En casi todos los casos, Jesús comienza dando **palabras de ánimo y aliento** y luego resalta la ofensa por los pecados colectivos diciendo, *«Tengo esto en tu contra».*

Fíjate en **la diferencia entre la influencia demoníaca y el ataque espiritual** (Apocalipsis 2:9-10). El ataque espiritual puede llegar por lo que hacemos bien, por los avances del Reino que logramos como iglesia. La influencia demoníaca entra por el pecado. Cabe la posibilidad de que Dios asigne un ángel a cada iglesia así como hay «ángeles guardianes» que cuidan de sus hijos (Hechos 8:26, 12:15; Hebreos 1:14, 13:2, Judas 1:6). Si éste es el caso, es posible que Satanás les asigne también ángeles caídos.

Roberto, director de Libertad en Cristo Latinoamérica, cuenta que conoció al pastor de una iglesia en proceso a convertirse en sacerdote satánico. Su tarea, a modo de «examen final», era destruir una iglesia. En el proceso se convirtió a Cristo. Más importante que especular si hay ángeles protectores de Dios asignados a las iglesias, es darnos cuenta de la realidad de que Satanás ataca la iglesia de Jesús. Su estrategia es robar, matar y destruir. La estrategia de Dios y de sus ángeles es dar y proteger la vida.

También vemos que El Señor ejecuta **juicios para la desobediencia** y **promesas para la obediencia**. «Al que salga vencedor...» —lo que vencemos es el conflicto espiritual. «El que tenga oídos, que oiga lo que el Espíritu dice a las iglesias»

1. LECTURA DE LOS TEXTOS por siete personas:

- Apocalipsis 2:1-7   **Éfeso**
- Apocalipsis 2:8-11   **Esmirna**
- Apocalipsis 2:12-17   **Pérgamo**
- Apocalipsis 2:18-28   **Tiatira**
- Apocalipsis 3:1-6   **Sardis**
- Apocalipsis 3:7-13   **Filadelfia**
- Apocalipsis 3:14-22   **Laodicea**

2. DIALOGAR

¿Qué dijo Jesús a las iglesias? ¿Qué les vino a la mente al escuchar la lectura de los textos? **En tu reflexión:**

- *Identifica las veces que dice «YO» y cuántas veces dice «YO CONOZCO».*
- *Identifica los pecados colectivos. Están presentes en la mayoría de las cartas pero no todas.*

- *Identifica las frases con mención a Satanás y sus ataques, sus mentiras, etc. y observa lo que tiene que ver con la iglesia local.*
- *Encuentra las promesas y recompensas por un lado pero también los juicios para los que le desobedecen.*

15 minutos

PIENSA a solas y en silencio (30 segundos)

CONVERSA en grupos pequeños (5-7 minutos) – Puede ser un grupo por cada carta

COMPARTE de forma resumida (3-4 minutos)

3. REFLEXIÓN

Ahora cierra tus ojos un momento y en silencio responde a la siguiente pregunta:

Si Jesús escribiese una carta a tu _____ *(iglesia, denominación, ministerio, organización)***, ¿aceptarías su evaluación y responderías adecuadamente sin importar el contenido de la carta?**

En esa carta, ¿por qué cosas los elogiaría? ¿Por qué cosas los reprendería? Aunque no podamos tener una carta con la misma autoridad que las Escrituras, podemos pedirle al Espíritu Santo que nos ayude a discernir cómo nos ve Cristo. Él nos puede ayudar a aplicar las verdades de las Escrituras a nuestro grupo. Jesús está aquí, ya se está dando a conocer y quiere escribir esa carta a _____. Y con la ayuda y la disposición de cada uno de ustedes, juntos en comunidad, vamos a darle espacio y permitirle que escriba esa carta. Luego van a discernir juntos cómo responderán en oración y acción.

En este retiro vamos a **considerar toda la historia** de la iglesia-ministerio-organización, no solo los últimos años o un momento de crisis, sino toda la historia desde su inicio hasta la fecha, a 5 años, 10 años, 25 años, un siglo o más.

ORACIÓN DE INICIO

Primero hagamos en voz alta la **oración** de las página 10 y 11 del libro de trabajo.

> **Querido Padre Celestial, abre nuestros ojos para ver tu verdad y nuestros oídos para oír lo que tu Espíritu Santo nos está diciendo. Reconocemos que el Señor Jesucristo es la Cabeza de nuestro ministerio y renunciamos a todo sentido de propiedad de nuestra parte. Este es tu ministerio, no el nuestro, y tú eres la Cabeza. Renunciamos a todo espíritu de independencia y declaramos completa dependencia de ti.**
>
> **Nos hemos juntado para discernir tu voluntad para nuestro ministerio. Renunciamos a todos y cada uno de los deseos o intentos de ejercer nuestra propia voluntad mediante la pelea, la manipulación o la intimidación. Tú eres luz y en ti no hay oscuridad alguna. Decidimos caminar en la luz para tener comunión contigo y los unos con los otros. Por favor llénanos de tu Espíritu Santo y guíanos a través de estos pasos hacia la libertad de nuestra iglesia–ministerio–organización. Libéranos para cumplir tus propósitos para los cuales existimos. No nos dejes caer en tentación, sino líbranos del maligno.**
>
> **Porque estamos sentados con Cristo en los lugares celestiales, y porque la iglesia ha sido enviada a todo el mundo para hacer discípulos de todas las naciones, nos oponemos al maligno y a todas sus fuerzas. Con gozo nos sometemos a ti, Padre Celestial, y obedecemos tu mandato de resistir al diablo. Te pedimos que expulses al enemigo de nuestra presencia para que seamos libres de conocer tu voluntad y de escoger obedecerla. En el precioso nombre de Jesús. Amén.**

Ahora declaremos las **renuncias colectivas** y declaraciones en la página 12. La primera renuncia es una antigua declaración de la iglesia primitiva. Las demás se basan en Apocalipsis 2-3. Aunque puede que no encajen del todo con tu (iglesia/ministerio/ organización)_____, son un ejemplo bíblico de los pecados colectivos que todo grupo debe evitar. Declaremos estas renuncias y declaraciones en voz alta.

RENUNCIAS	DECLARACIONES
Rechazamos a Satanás, con todas sus obras y todos sus caminos.	Declaramos que Cristo es Señor de nuestras vidas y escogemos seguir solamente sus caminos.
Confesamos haber abandonado nuestro primer amor.	Declaramos que Cristo es nuestro primer amor porque él nos amó primero y se dio a sí mismo como sacrificio de expiación por nuestros pecados.
Confesamos haber tolerado falsas enseñanzas.	Declaramos que la verdad de Dios nos ha sido revelada mediante la Palabra de Dios escrita y viva.
Confesamos haber pasado por alto las creencias y las prácticas no-cristianas de nuestra gente.	Declaramos que Cristo es la fuente de nuestra verdadera identidad y el único camino a la salvación y la comunión con Dios.
Confesamos haber tolerado la inmoralidad sexual de nuestra gente.	Declaramos que nuestra sexualidad es un regalo de Dios, y que la unión sexual está reservada para el matrimonio entre un hombre y una mujer.
Renunciamos a la apariencia de estar vivos cuando realmente estamos muertos.	Declaramos que sólo Cristo es nuestra Resurrección y nuestra Vida.
Renunciamos a nuestra obediencia parcial —a comenzar a hacer la voluntad de Dios, pero no terminar.	Declaramos que Cristo es la Cabeza de su cuerpo, la Iglesia, y que como sus miembros, tenemos la libertad y el poder de terminar las obras que él nos da para hacer.
Confesamos nuestra desobediencia a la Palabra de Dios, incluyendo el Gran Mandamiento y la Gran Comisión.	Declaramos que Dios nos da tanto el querer como el poder para hacer su voluntad.
Renunciamos a nuestra tibieza —no hemos sido ni fríos ni calientes para Cristo.	Declaramos que Cristo es nuestro fuego que refina y nos disciplina para nuestro bien, para que nuestra fe sea genuina.
Renunciamos al orgullo por nuestra estabilidad económica, lo cual nos ciega a nuestras verdaderas necesidades espirituales.	Declaramos que Cristo es nuestro tesoro y nuestra seguridad. Fuera de él somos pobres, miserables, desnudos y ciegos.

PASO I – NUESTRAS FORTALEZAS – «*TENGO ESTO A TU FAVOR...*»

*Nota para el líder/facilitador: Para los **Pasos 1-3** es importante facilitar el proceso pero no filtrar o corregir lo que dicen las personas. Más bien es importante escuchar. Recuerda pedir a alguien que apunte en una cartulina o papelógrafo/rotafolio visible y que otra persona haga de secretario, tomando nota en una computadora u ordenador portátil.*

1. Recuerda que es importante que alguien **tome apuntes**. ¿Quién lo hará?

2. Pautas a seguir:

   • Para los **Pasos 1-3** la actividad principal es la de elaborar y apuntar los contenidos.

   • El facilitador guiará el proceso para ayudar a que todos se escuchen unos a otros. No es momento de corregir o censurar lo que otros dicen. Por favor, con humildad hablen y escúchense unos a otros.

   • Más adelante podremos eliminar lo que no es necesario.

   • Por favor no hagas comentarios negativos sobre lo que dice otro. Tampoco es momento para expresar desacuerdos. Es el momento de escuchar. El facilitador actuará como « árbitro» para aplicar estas pautas. Más adelante, en los Pasos 4-7, habrá libertad para expresar desacuerdos pero ahora no.

   • Comparte de forma resumida y usa sólo las palabras necesarias para la mutua edificación (Efesios 4:29).

3. Hagamos la oración en la página 14 del libro de trabajo en voz alta. Después tendremos un tiempo para orar en silencio pero comencemos orando en voz alta:

   Querido Padre Celestial, gracias por llamarnos y escogernos como pastores y siervos que dirigen a este grupo. Gracias por este ministerio y por lo que tú has hecho a través de él. Gracias por las personas que te sirven.

   Muéstranos aquellos aspectos de nuestro grupo que le agradan al Señor Jesús. Revélanos lo que hacemos bien y cuáles son nuestras fortalezas. Mientras esperamos en silencio ante ti, muéstranos aquellas buenas obras que glorifican al Padre del cielo. Lo pedimos en el maravilloso nombre de Jesús. Amén.

   Oremos ahora en silencio y escuchemos lo que el Señor nos revela. Después de un momento oraré en voz alta y continuaremos.

4. **Conversemos** juntos.

Nota para el líder/facilitador: Si son mas de 10 personas considera usar grupos pequeños.

PIENSA en silencio (1 minuto)
CONVERSA en el grupo grande (o en grupos pequeños si son mas de 10 personas)
COMPARTE con el grupo grande

PRIMERO

Comparte y escribe lo que tu iglesia-ministerio-organización hace bien. Acuérdate de no censurar, más bien de escuchar. Apunta en una cartulina o un papelógrafo/rotafolio a la vista de todos lo que se comparte. Recuerda que alguien debe estar tomando nota de esto en la computadora.

SEGUNDO

Escoge las 5-7 fortalezas más importantes.

- Tacha las que se repiten.
- Apúntalas de forma resumida.
- Considera las siguientes preguntas al escoger las fortalezas mas importantes: ¿Qué es lo que mejor hacemos? ¿Cómo nos ha dotado Dios de forma única o especial? ¿Qué es lo que siempre nos funciona?
- Apúntalo de forma resumida y **declárenlo juntos en voz alta**. Comienza cada uno con «**Te damos gracias Dios por**…»
- Apúntalos en la página de tu Plan de Oración y Acción en la página 32 del libro de trabajo.

Nota para el líder/facilitador: Con grupos de 10 o más personas puede ser útil delegar la redacción de un borrador a un grupo mas pequeño en este y otros pasos donde se pide resumir y escoger – en los Pasos 5 y 6 sobre todo .

5. Hagamos juntos en voz alta **la oración** en la página 15 del libro de trabajo.

   Querido Padre Celestial, gracias por las fortalezas que nos has dado a nosotros como individuos y a nuestro ministerio. Gracias por honrarnos con tu presencia y por obrar a través de los dones, los talentos y del servicio de tu pueblo. Sabemos que separados de Cristo no podemos hacer nada, por lo que reconocemos que cada regalo bueno y perfecto viene de lo alto. Ayúdanos a gestionar bien estos puntos fuertes, y a administrar de manera responsable todas las relaciones y los recursos que tú nos has dado. En el nombre de Jesucristo nuestro Señor oramos. Amén.

Nota para el líder/facilitador: Asegúrate de dejar estas fortalezas a la vista colgadas sobre la pared. Iremos añadiendo mas cartulinas a lo largo del retiro.

PASO 2 – NUESTRAS DEBILIDADES

1. **Leamos 1 Juan 1:5-10.** Pon atención especial al versículo 7.

*Este es el mensaje que hemos oído de él y que les anunciamos: Dios es luz y en él no hay ninguna oscuridad. Si afirmamos que tenemos comunión con él, pero vivimos en la oscuridad, mentimos y no ponemos en práctica la verdad. **Pero, si vivimos en la luz, así como él está en la luz, tenemos comunión unos con otros, y la sangre de su Hijo Jesucristo nos limpia de todo pecado.***

Si afirmamos que no tenemos pecado, nos engañamos a nosotros mismos y no tenemos la verdad. Si confesamos nuestros pecados, Dios, que es fiel y justo, nos los perdonará y nos limpiará de toda maldad. Si afirmamos que no hemos pecado, lo hacemos pasar por mentiroso y su palabra no habita en nosotros.

2. Ahora vamos a **discernir nuestras debilidades**, pecados, carencias, faltas y fracasos o sea, lo que NO hacemos bien y aquello que deberíamos hacer pero no lo hacemos.

3. El objetivo no es determinar nuestras mayores debilidades, sino simplemente **dejar que cada uno exponga lo que siente del Señor:** NO es momento para discrepar con alguien; no es momento para objeciones o para ponerse a la defensiva.

4. Hagamos **juntos en voz alta la oración** que está en la parte superior de la página 16.

   Querido Padre Celestial, no hemos utilizado al máximo los dones, talentos y puntos fuertes que tú has puesto a nuestra disposición. Nuestro pensar y actuar ha caído en patrones que no te agradan. No hemos logrado cumplir tu perfecta voluntad e intención para nosotros. Por favor, abre nuestros ojos para que veamos nuestras debilidades como tú las ves. Esperamos en silencio ante ti. En el poderoso nombre de Jesús. Amén.

Al ser posible según el número de personas que somos, permaneceremos en un solo grupo para trabajar sin preocuparnos por lo que otros puedan pensar o decir. Escucha al Señor en silencio antes de enumerar las debilidades.

5. **Enumera,** sin debate y sin discusión, las debilidades y carencias en cartulina o papelógrafo/rotafolio. La persona que está tomando nota en la computadora debe apuntar tal cual lo expresa la persona. Si es muy largo, se le pide que lo resuma pero se usan sus palabras.

6. Hagamos juntos en voz alta **la oración** que están al pie de la página 16 del libro de trabajo.

   Querido Padre Celestial, tú conoces nuestras debilidades, así como nuestros puntos fuertes, y tú nos amas de igual manera. Confesamos y renunciamos las veces en que hemos depositado nuestra confianza en nosotros mismos en lugar de en ti. Ahora decidimos no confiar en nuestra carne y declaramos nuestra dependencia de ti. Confiamos que la buena obra que comenzaste en nosotros, tú la llevarás a término.

   Muéstranos cómo podemos fortalecer nuestros puntos débiles y vivir con nuestras limitaciones. Que tu poder se perfeccione en nuestras debilidades. Gracias por tu perdón, tu presencia y tu gracia en nuestras vidas. Oramos en el poderoso nombre de Jesús. Amén.

Ahora estamos preparados – hemos montado el escenario – para profundizar un poco más.

PASO 3 – NUESTRAS MEMORIAS

INTRODUCCIÓN

Apocalipsis 3:3 dice «Recuerda...» Ahora sobre este tema de recordar leamos **Josué 4:1-7**

[1] **Cuando todo el pueblo terminó de cruzar el río Jordán, el SEÑOR le dijo a Josué:** [2] **«Elijan a un hombre de cada una de las doce tribus de Israel,** [3] **y ordénenles que tomen doce piedras del cauce, exactamente del lugar donde los sacerdotes permanecieron de pie. Díganles que las coloquen en el lugar donde hoy pasarán la noche».**

[4] **Entonces Josué reunió a los doce hombres que había escogido de las doce tribus,** [5] **y les dijo: «Vayan al centro del cauce del río, hasta donde está el arca del Señor su Dios, y cada uno cargue al hombro una piedra. Serán doce piedras, una por cada tribu de Israel,** [6] **y servirán como señal entre ustedes. En el futuro, cuando sus hijos les pregunten: «¿Por qué están estas piedras aquí?»,** [7] **ustedes les responderán: «El día en que el arca del pacto del Señor cruzó el Jordán, las aguas del río se dividieron frente a ella. Para nosotros los israelitas, estas piedras que están aquí son un recuerdo permanente de aquella gran hazaña».**

PARTE A – MEMORIAS GRATAS

1. Esto es un paso muy importante en el proceso. Las memorias desempeñan un papel vital en la formación de nuestra autoestima y son una poderosa fuerza para el bien o para el mal. Leamos el **Salmo 145:7** dice «Se proclamará la memoria de tu inmensa bondad, y se cantará con júbilo tu victoria».
   Los buenos recuerdos pueden ser como **piedras conmemorativas** (Josué 4) que dan a los líderes de mayor edad la oportunidad de compartir las «historias y testimonios de Dios» con los líderes más jóvenes.

2. Comencemos con la oración en la página 17 del libro de trabajo. Oremos en voz alta. Al finalizar la oración dejaremos un minuto de silencio para escuchar y reflexionar con base en la oración.

   Querido Padre Celestial, gracias por las experiencias maravillosas que hemos compartido y que nos han dejado memorias tan especiales. Gracias por tus bendiciones y por todos los momentos agradables que nos has dado. Con gozo y agradecimiento, te pedimos que tú nos recuerdes las memorias gratas de nuestro ministerio. Agradecidos, oramos en el nombre de Jesús. Amén.

3. Enumeren **las memorias gratas** en la cartulina/papelógrafo/rotafolio y pónganlo en un lugar visible sobre la pared.

   - ¿Cuáles son los acontecimientos, historias, victorias e hitos que recordamos con alegría?
   - ¿Qué cosas divertidas puedes recordar?

   MEMORIAS GRATAS

   PIENSA y escucha en silencio (1 minuto)
   CONVERSA (con más de 10 personas considera grupos pequeños)
   COMPARTE y apunta en una cartulina/papelógrafo/rotafolio en el grupo grande.

Tomemos un tiempo breve de oración y alabanza agradeciendo a Dios por estos recuerdos de la siguiente forma: **Señor, gracias por** _____ (menciona la memoria grata/agradable). Esto será un ejercicio de alabanza. ¡Adelante!

PARTE B – MEMORIAS DOLOROSAS (malos recuerdos)

1. **Como orientación a esta siguiente parte sobre las memorias dolorosas** quiero compartirles lo siguiente:

   - Los líderes tienen el derecho y la responsabilidad de arrebatarle la silla a Satanás —aquel lugar de influencia—, que es como quitarle los dientes a un león.
   - Si permanecen en silencio, en lugar de hablar, le dan al enemigo un lugar de influencia y volverá a morderlos.
   - Además debilitará la confianza e integridad de este equipo.
   - Deja que afloren todas las memorias porque ahora es el momento, hoy es el día de enfrentarse a ellas y así quitarle al diablo todo control sobre esta _____ (iglesia/organización).

   Al prepararnos para esta parte, hay algunas pautas adicionales y asuntos de logística:

   - Vamos a escribir las memorias dolorosas en las cartulinas/papelógrafo/rotafolio pero **el secretario no las debe apuntar** en la computadora. De hecho, más adelante romperemos esta lista y tiraremos los trozos a la basura. Solo escribiremos en las cartulinas/papelógrafo/rotafolio.
   - Las memorias dolorosas se asocian normalmente a **nombres de personas. Usen los nombres reales** de las personas, no ficticios ni genéricos, porque debemos caminar en la luz y el perdón, según la Biblia lo requiere.
   - **Estamos aquí para sanar el dolor pero no para extender la «gangrena».**
   - **No podemos cambiar los hechos,** pero **sí podemos cambiar su significado** y el poder que tienen sobre nuestro presente.
   - Centrémonos en **lo que se dice** pero **no en analizar** el por qué se hizo.
   - Respetemos la **confidencialidad** —no se repite afuera nada de lo que aquí se comparta. Y por favor, al hablar, háganlo con **respeto.**
   - **Saca a la luz incluso las memorias que hayas trabajado y perdonado** a nivel individual porque ahora trataremos con ellos de forma colectiva.
   - Las memorias/recuerdos son importantes, pero **mucho más importante es la forma en la que los líderes responden a esas memorias.**
   - Estén atentos a identificar **patrones** del pasado que puedan revelar bastiones espirituales que necesiten tratarse.

   Recalco que como líderes es su derecho y responsabilidad arrebatarle el lugar de influencia a Satanás. Es sumamente importante no callar y sacar absolutamente todo, todo, todo… porque hoy es el día de libertad para su _____. ¿De acuerdo?

2. Hagamos **la oración que está en la página 18** del libro de trabajo.

   Querido Padre Celestial, gracias por la riqueza de tu bondad y paciencia; sabemos que tu bondad nos lleva al arrepentimiento. Reconocemos que no hemos extendido la misma paciencia y bondad hacia quienes nos han ofendido. No hemos actuado con gracia y sabiduría en el pasado.

   Algunas veces hemos causado dolor, incluso cuando intentábamos seguirte de la mejor manera. Otras veces los hechos y actitudes de otros nos han herido. Muéstranos dónde hemos permitido que surja una raíz de amargura, causando problemas y contaminando a muchos. Al esperar en silencio ante ti, recuérdanos todos los sucesos dolorosos del pasado de nuestro ministerio. En el nombre Jesús, lleno de compasión, oramos. Amén.

3. **Enumera las memorias dolorosas** sobre cartulina/papelógrafo/rotafolio con todo el grupo.

- Cada persona debe compartir sus memorias más dolorosas. Las de su propia vida.

- Insistiremos en obtener los nombres reales (si no te acuerdas de los nombres, puede ser suficiente con algunas memorias y los nombres de las personas relacionadas a ellas).

MEMORIAS DOLOROSAS

PIENSA y escucha en silencio (1 minuto)

COMPARTE y apunta en una cartulina/papelógrafo/rotafolio. Aquí es mejor compartir en el grupo grande, sin grupos pequeños. Puede ser útil poner un límite de 1-2 minutos por persona e incluso utilizar un temporizador con alarma para que el ejercicio no se alargue. A la vez sé sensible y flexible.)

Nota para el líder/facilitador: *Cuando parece que han sacado todo, espera en silencio un momento y plantea la siguiente pregunta.*

Con respeto pero firmeza necesito preguntarles: ¿Hay algo que están eludiendo o evitando? No debemos jugar al escondite con Dios, Jesús está aquí en esta sala con nosotros. ¿Alguien quiere compartir algo más? ¿Alguna situación o memoria dolorosa adicional?

4. En un momento vamos a **perdonar**. Pero antes quiero revisar brevemente por qué es importante perdonar. ¿Por qué perdonamos?

- Jesús lo ordenó.
- ¡Para detener el dolor!
- Perdonar no es tolerar o aprobar el pecado.
- Perdonar no es olvidar.
- El perdón es aceptar vivir con las consecuencias del pecado de otra persona.
- El perdón es decidir no buscar el resentimiento, la venganza, ni devolver mal por mal.
- El perdón es una decisión. El perdonar puede causar una crisis en nuestra voluntad de querer o no querer perdonar. ¡Puedes y podemos escoger perdonar!

5. **2 Corintios 2:5-11** nos dice que debemos perdonar para que Satanás no se aproveche de nosotros. Escuchemos la Palabra de Dios de este texto:

[5] Si alguno ha causado tristeza, no me la ha causado solo a mí; hasta cierto punto —y lo digo para no exagerar— se la ha causado a todos ustedes. [6] Para él es suficiente el castigo que le impuso la mayoría. [7] Más bien debieran perdonarlo y consolarlo para que no sea consumido por la excesiva tristeza. [8] Por eso les ruego que reafirmen su amor hacia él. [9] Con este propósito les escribí: para ver si pasan la prueba de la completa obediencia. [10] A quien ustedes perdonen, yo también lo perdono. De hecho, si había algo que perdonar, lo he perdonado por consideración a ustedes en presencia de Cristo, [11] para que Satanás no se aproveche de nosotros, pues no ignoramos sus artimañas.

6. **Perdona de forma individual** y en silencio a cada persona y a ti mismo. No hay prisa, tomaremos todo el tiempo necesario. Ora en silencio de esta forma:

Señor, perdono a _____ *(nombra a la persona)* **por** _____ *(se específico con cada persona nombre por nombre, memoria por memoria). (Nota: Si da tiempo se puede incluir:* **que me hizo sentir** _____*. Se supone que en los Pasos individuales ya pudieron expresar más a fondo sus sentimientos).*

7. Ahora pongámonos de pie para hacer la declaración y la oración en la página 19 y 20 del libro de trabajo. Primero leamos juntos, de pie y en voz alta **la siguiente declaración** primero:

> Por la autoridad del Señor Jesucristo, sentado a la diestra del Padre, tomamos nuestra responsabilidad de resistir al diablo. En el nombre todopoderoso de Jesús, retomamos cualquier territorio que Satanás haya ganado en nuestra vida y ministerio a través de estas memorias dolorosas. Ya que estamos sentados con Cristo en los lugares celestiales, mandamos a Satanás a abandonar nuestra presencia y nuestro ministerio.

Y ahora hagamos **la siguiente oración**. Ojo, antes de decir «Amén» en voz alta, van a soltar perdón de forma colectiva.

> Querido Padre Celestial, perdonamos a cada persona que nos ha herido a nosotros y a nuestro ministerio. Perdonamos del mismo modo que el Señor nos ha perdonado.
>
> Entregamos nuestro resentimiento y pesar en tus manos. Sólo tú puedes sanar nuestros corazones quebrantados y cerrar nuestras heridas. Te pedimos que sanes el dolor en nuestros corazones y en la memoria colectiva de nuestro grupo. Confesamos que a menudo no hemos intentado resolver esos sucesos dolorosos como manda tu Palabra. Hemos permitido que brote una raíz de amargura y que contamine a muchos. Gracias por tu perdón.
>
> Nos comprometemos a pensar en estas memorias, cuando surjan, desde la perspectiva de nuestra unión con Cristo. Recordaremos tu perdón y sanidad. Pedimos que tu gracia y misericordia nos guíen al seguir nuestro llamado como líderes espirituales. Padre Celestial, te pedimos que nos llenes de tu Espíritu Santo. Rendimos el control total de nuestro ministerio a nuestra Cabeza, Cristo, que fue crucificado, resucitó y que reina con poder.
>
> Pedimos que traigas sanidad a aquellos que nos han herido. También pedimos sanidad para aquellos a quienes hayamos herido. Bendice a quienes nos maldicen y provee un ministerio abundante y pleno para todos quienes te pertenecen pero han salido de nuestro grupo. Les bendecimos en el nombre de nuestro Señor Jesucristo quien nos enseñó a amar a nuestros enemigos, a hacer el bien a quienes nos odian, a bendecir a quienes nos maldicen, y a orar por quienes nos maltratan (Lucas 6:27-28). De acuerdo a tu Palabra, oramos por quienes nos han herido:

Ahora toma asiento y permite que el Señor te traiga a la mente que y como orar. Ofrece tu oración, una persona a la vez en plural y en voz alta en nombre del grupo, «Perdonamos, soltamos y bendecimos a _____». ¡Adelante!

> **Perdonamos a….**
> **Soltamos a …**
> **Bendecimos a …**

Para finalizar oren todos juntos en voz alta: **Oramos en el nombre de Jesús. Amén.**

8. **¿Hay alguien presente con quien necesitas hablar ahora?**

   • Si sientes o piensas que algo no está bien o sin resolver, ve y habla con esa persona y aclara las cosas.

   • Sé específico sobre el daño que has hecho; no te limites a decir «¿Me perdonas?»

   • No tardes en perdonar, hazlo ahora mismo. Postergar el perdón es postergar la obediencia.

Nota: Aunque estas memorias están escritas en las cartulinas o papelógrafo/rotafolios, no nos quedamos después de este retiro con apuntes escritos de las memorias dolorosas. Es más, como símbolo de soltar estas memorias las destruiremos al finalizar el retiro.

PASO 4 – LOS PECADOS COLECTIVOS

A partir de este paso buscaremos el consenso del grupo —es decir, que la mayoría de las personas estén de acuerdo.

INTRODUCCIÓN

Nota para el líder/facilitador:

*Haz una lectura de **Daniel 9:1-19** y comenta brevemente. Si es útil repasa y usa partes del Apéndice 5 sobre el pecado colectivo y el Apéndice 6 sobre sistemas humanos.*

Vivimos en una época individualista en la que se espera que todo se adapte a las necesidades y deseos del individuo. Un cristiano abandona una iglesia porque «no satisface mis necesidades». Sin embargo, en la Biblia, Dios tiende a centrarse más en los grupos de personas que en los individuos. Sí, él se interesa por todos como individuos, pero normalmente los mandatos y las amonestaciones se dirigen al colectivo de personas y por eso utiliza «ustedes». En el Antiguo Testamento Dios suele dirigirse al cuerpo colectivo del pueblo de Israel. En el Nuevo Testamento, Jesús y Pablo suelen dirigirse a la Iglesia. Podemos referirnos a estos grupos de personas como *sistemas humanos*. Cada persona tiene su propia identidad, pero juntas, forman algo mayor que sus partes. Aquello que forman al estar juntas adquiere sus propias características, su propia personalidad y su propia realidad espiritual.

Un colectivo o lo que llamamos un *sistema humano* está formado por individuos, cada uno de los cuales puede tomar decisiones individuales al desempeñar su papel en él. Y un miembro individual puede tener un efecto importante en todo el cuerpo, especialmente si esa persona es un líder. En el Antiguo Testamento en particular queda claro una y otra vez que, en lo que respecta a Dios, todo un grupo se ve afectado por las acciones de un solo miembro.

Vimos en Josué 7-8 que fue solo una persona quien pecó, Acán. Sin embargo, el Señor dijo: *«Israel ha pecado; han violado mi mandato»*. Cuando el tema del pecado permanece, pierden lo que debería ser una batalla fácil. Cuando lo resuelven confesando este pecado que afecta a todo el colectivo, ganan.

Para considerar este paso sobre los pecados colectivos leamos Daniel 9:1-9. Noten cómo usa el plural «hemos pecado» aún por pecados que él no cometió personalmente.

Daniel 9:1-19

[1-2-] «Corría el primer año del reinado de Darío hijo de Asuero, un medo que llegó a ser rey de los babilonios, cuando yo, Daniel, logré entender ese pasaje de las Escrituras donde el Señor le comunicó al profeta Jeremías que la desolación de Jerusalén duraría setenta años. [3] Entonces me puse a orar y a dirigir mis súplicas al Señor mi Dios. Además de orar, ayuné y me vestí de luto y me senté sobre cenizas. [4] Esta fue la oración y confesión que le hice:

«Señor, Dios grande y terrible, que cumples tu pacto de fidelidad con los que te aman y obedecen tus mandamientos: [5] Hemos pecado y hecho lo malo; hemos sido malvados y rebeldes; nos hemos apartado de tus mandamientos y de tus leyes. [6] No hemos prestado atención a tus siervos los profetas, que en tu nombre hablaron a nuestros reyes y príncipes, a nuestros antepasados y a todos los habitantes de la tierra.

[7] «Tú, Señor, eres justo. Nosotros, en cambio, somos motivo de vergüenza en este día; nosotros, pueblo de Judá, habitantes de Jerusalén y de todo Israel, tanto los que vivimos cerca como los que se hallan lejos, en todos los países por los que nos has dispersado por haberte sido infieles. [8] Señor, tanto nosotros como nuestros reyes y príncipes, y nuestros antepasados, somos motivo de vergüenza por haber pecado contra ti. [9] Pero, aun cuando nos hemos rebelado contra ti, tú, Señor nuestro, eres un Dios compasivo y perdonador. [10] Señor y Dios nuestro, no hemos obedecido ni seguido tus leyes, las cuales nos diste por medio de tus siervos los profetas. [11] Todo Israel se ha apartado de tu ley y se ha negado a obedecerte. Por eso, porque pecamos contra ti, nos han sobrevenido las maldiciones que nos anunciaste, las cuales están escritas en la ley de tu siervo Moisés. [12] Tú has cumplido las advertencias que nos hiciste, a nosotros y a nuestros gobernantes, y has traído sobre

nosotros esta gran calamidad. ¡Jamás ha ocurrido bajo el cielo nada semejante a lo que sucedió con Jerusalén! ¹³ Señor y Dios, todo este desastre ha venido sobre nosotros, tal y como está escrito en la ley de Moisés, y ni aun así hemos buscado tu favor. No nos hemos apartado de nuestros pecados ni hemos procurado entender tu verdad. ¹⁴ Tú, Señor y Dios nuestro, dispusiste esta calamidad y la has dejado caer sobre nosotros, porque eres justo en todos tus actos. ¡A pesar de todo, no te hemos obedecido!

¹⁵ Señor y Dios nuestro, que con mano poderosa sacaste de Egipto a tu pueblo y te has hecho famoso, como hoy podemos ver: ¡Hemos pecado; hemos hecho lo malo! ¹⁶ Aparta tu ira y tu furor de Jerusalén, como corresponde a tus actos de justicia. Ella es tu ciudad y tu monte santo. Por nuestros pecados, y por la iniquidad de nuestros antepasados, Jerusalén y tu pueblo son objeto de burla de cuantos nos rodean. ¹⁷ Y ahora, Dios y Señor nuestro, escucha las oraciones y súplicas de este siervo tuyo. Haz honor a tu nombre y mira con amor a tu santuario, que ha quedado desolado. ¹⁸ Préstanos oído, Dios nuestro; abre los ojos y mira nuestra desolación y la ciudad sobre la cual se invoca tu nombre. Al hacerte estas peticiones, no apelamos a nuestra rectitud, sino a tu gran misericordia. ¹⁹ ¡Señor, escúchanos! ¡Señor, perdónanos! ¡Señor, atiéndenos y actúa! Dios mío, haz honor a tu nombre y no tardes más; ¡tu nombre se invoca sobre tu ciudad y sobre tu pueblo!»

1. **El pecado colectivo**

Estos son patrones de comportamiento llevados a cabo por toda la iglesia/organización, o por un grupo significativo dentro de la iglesia/organización que desagradan a Dios, y son contrarios a su voluntad revelada. Estos patrones exigen una acción colectiva por parte de los líderes para resolverlos.

Aquí llegamos al propósito central del retiro, ya que formará la base o fundamento del plan de oración y acción. Casi todas las iglesias toleran algún pecado colectivo. Estos pecados hacen daño y causan mucho dolor.

2. **Algunos ejemplos** incluyen:

- El chisme
- La comparación ya sea positiva o negativa *Somos mejores que o peores...*
- La división, siempre llevar la contraria
- Luchas de poder
- Mal uso del dinero
- Espíritu crítico
- La falta de disciplina
- La arrogancia
- La rebelión
- La falta de oración
- El encubrir el pecado
- El engaño
- El permitir que el pecado se descontrole en la vida de un líder o de su familia
- La falta de perdón
- La pasividad
- No evangelizar y desobedecer la Gran Comisión
- Liderazgo disfuncional (*Supervisión muy débil o muy severa. Potenciar los ministerios que causan división*).
- Patología organizativa:
  - *Estructuras que limitan y ahogan un ministerio eficaz y de impacto.*
  - *Decisiones que causan una mala comunicación.*
- Ignorar o hacerse el de la vista gorda el no seguir las normas bíblicas (*fornicación, mala administración, aborto, chisme, homosexualidad, brujería, adulterio, divorcio, etc.*)

Pidan al Señor que les ayude a discernir todos los pecados de comisión y omisión de los líderes del presente y del pasado, así como de la iglesia/organización en su conjunto.

3. Hagamos **la oración** en la página 21 del libro de trabajo.

> **Querido Padre Celestial, levantamos nuestra mirada a ti y te pedimos que traigas a nuestra mente todo pecado colectivo que hayamos cometido, ya sea que nos implique a todos o a un grupo de nosotros. Siguiendo el ejemplo de Esdras y Daniel, nos acercamos a ti dispuestos a arrepentirnos de los pecados de nuestros predecesores espirituales en este ministerio. También te pedimos discernimiento para identificar y renunciar a nuestros propios pecados. Esperamos en silencio en tu presencia para que nos traigas a la mente todos los pecados colectivos que nosotros, y los líderes espirituales que nos precedieron, hemos tolerado o no hemos manejado adecuadamente. Asimismo, danos la gracia para confesarlos, renunciar a ellos y dejarlos atrás. En el nombre de Jesús, quien nos perdona. Amén.**

PIENSA y escucha en silencio (1 minuto)
COMPARTE con todos

Compartan los pecados que les vienen a la mente. No apuntaremos cada idea que surja, más bien buscamos el consenso. Queremos que estén de acuerdo al identificar los pecados colectivos. Aquí es importante procesar y dialogar. Está bien discutir, pero siempre con respeto. En ciertos momentos puede ser necesario tomar una pausa y orar.

4. **Apunta los pecados** colectivos sobre los que hay consenso en una cartulina o un papelógrafo/rotafolio y tenlos a la vista sobre la pared.

5. **Oren juntos** en voz alta la oración en la página 22 del libro de trabajo para <u>confesar, renunciar y abandonar</u> a **los pecados enumerados uno por uno.**

> **Padre Celestial, confesamos _____ [menciona un pecado a la vez] como pecado y como algo que desagrada a nuestro Señor Jesucristo. Nos apartamos de él, lo abandonamos y renunciamos a él. Gracias por tu perdón. En el nombre de Jesús. Amén.**

6. Cuando hayan tratado con cada uno de los pecados, hagan juntos **la oración** de la páginas 22-23 del libro de trabajo.

> **Padre Celestial, como líderes espirituales de nuestro ministerio, reconocemos que estos pecados colectivos son ofensivos para ti. Renunciamos a todo uso de nuestro cuerpo colectivo como instrumento de maldad, ya sea por nuestra parte o por parte de quienes nos precedieron. Renunciamos y abandonamos los pecados de nuestros predecesores. Anulamos toda ventaja, maquinación u otra obra del diablo que hayamos heredado de ellos.**

> **Por la autoridad de Cristo —la cabeza de su cuerpo, la Iglesia— demolemos todo punto de apoyo y fortaleza de Satanás sobre nuestro ministerio a causa de nuestros pecados colectivos. Retomamos todo territorio cedido al enemigo en nuestro ministerio, en las organizaciones aledañas, y en nuestra vida conjunta como colaboradores de este ministerio. Entregamos el control de ese territorio al Espíritu Santo.**

> **Invitamos al Espíritu Santo a limpiarnos, a renovarnos, a llenarnos, y a guiarnos a toda verdad. Decidimos obedecer tu Verdad para que nuestro ministerio sea libre para servirte.**

> **Nos sometemos —nosotros mismos y nuestro ministerio— a la soberanía de nuestro Padre Celestial, al señorío de Cristo y a la presencia y poder del Espíritu Santo. Por tu gracia y de**

acuerdo con tu Palabra, reconocemos que somos coherederos con los santos y que pertenecemos a la familia de Dios. Afirmamos que la Iglesia se ha construido sobre el fundamento de los apóstoles y profetas, y que Jesucristo mismo es la Piedra Angular. Alabamos al Señor Jesucristo por ser la Cabeza de nuestra iglesia-ministerio-organización, y nos regocijamos por ser su Cuerpo, su Novia y su Templo.

Al que puede hacer muchísimo más que todo lo que podamos imaginarnos o pedir, por el poder que obra eficazmente en nosotros, ¡a él sea la gloria en la iglesia y en Cristo Jesús por todas las generaciones, por los siglos de los siglos! Amén. (Efesios 3:20-21)

7. Ahora te invitamos a **orar en voz alta** para confesar tu **participación personal** en estos pecados. No confieses el pecado de otra persona —si esto se da, con respeto pero firmeza interrumpiré— solo confiesa tu participación. Ora espontáneamente y en voz alta; confiesa tu participación personal. ¡Adelante! Tomemos un tiempo para que cada uno pueda orar y confesar su participación personal.

8. Si están listos, identifica los **cinco pecados/problemas principales** y apúntalos en el Plan de Oración y Acción en la página 32 del libro de trabajo. Si no están listos para resumirlos se hará más tarde como parte del Paso 6.

INTRODUCCIÓN

Es verdad que Satanás se aprovecha de los pecados colectivos para llevar a cabo sus planes. La buena noticia es que al sacar la basura —es decir, al confesarlos y renunciar a ellos— nos deshacemos de las moscas (de la influencia demoníaca).

Sin embargo, en este paso veremos el tipo de ataque espiritual que es una represalia del enemigo por la obediencia de la iglesia/organización; por avanzar el Reino de Dios. Ciertos ataques en particular, especialmente aquellos dirigidos al liderazgo de la iglesia/organización, requieren que los identifiquemos y los resistamos.

Pablo nos insta a no ignorar las artimañas de Satanás. Aunque no hace falta que el temor nos domine, no debemos cerrar los ojos a esa realidad. Recuerda que Satanás impidió que Pablo llegara a Tesalónica (1 Tesalonicenses 2:18).

Efesios capítulo 6 nos indica que nuestro enemigo son las fuerzas demoníacas que se oponen a Dios y a todos sus hijos. Mientras el pecado colectivo da a Satanás un lugar de influencia sobre nosotros por la desobediencia, su represalia —en la forma de ataque espiritual— llega por obedecer: orar, evangelizar, plantar iglesias, misiones, facilitar la libertad en Cristo, vivir en santidad, etc. Cuando la iglesia se dedica a liberar a los cautivos y discipularlos, Satanás le hace frente de varias formas (véase 1 Tesalonicenses 2:18; Mateo 4:1; Hechos 10:37-38; 2 Corintios 11:3; Apocalipsis 2: 9-10, 13, 24-25; 3:9).

Estos ataques se manifiestan como golpes asestados a ciertos individuos y a sus familias. Suelen enfocarse en los líderes, tomando la forma de conflictos interpersonales, falsas acusaciones, agotamiento entre los líderes, o enfermedades físicas y emocionales anormales. La estrategia principal de Satanás suele ser la división, la disensión y el desánimo.

A los líderes de la iglesia, como guardianes espirituales, les corresponde identificar estos ataques y toda maldición o tarea satánica contra la iglesia. Los líderes tienen la responsabilidad de oponerse a ellos ejerciendo la autoridad que Dios les ha dado sobre los poderes de las tinieblas en el nombre de Jesús (Efesios 1:18-23).

1. Hagan **la oración** en voz alta juntos que está en la página 24 del libro de trabajo.

> **Querido Padre Celestial, te agradecemos por el refugio que tenemos en Cristo. Decidimos fortalecernos en el Señor y en su asombroso poder. En Cristo Jesús nos ponemos toda la armadura de Dios. Decidimos mantenernos firmes y fortalecidos en nuestra fe. Aceptamos la verdad que nuestra lucha no es contra seres humanos, sino contra fuerzas espirituales malignas en las regiones celestiales.**
>
> **Deseamos ser conscientes de las estrategias de Satanás y no ignorarlas. Abre nuestros ojos a la realidad espiritual del mundo en que vivimos. Te pedimos discernimiento espiritual para poder juzgar correctamente entre el bien y el mal.**
>
> **Al permanecer en silencio ante ti, revélanos los ataques de Satanás hacia nosotros, hacia nuestros líderes espirituales, hacia nuestra gente, y hacia nuestro ministerio para que podamos mantenernos firmes y exponer al padre de la mentira. Lo pedimos en el nombre de Jesús. Amén.**

PIENSA y escucha en silencio (1 minuto)
COMPARTE

Compartan lo que disciernen que son ataques. Recuerden que no apuntaremos cada idea que surja, más bien buscamos el consenso y estar de acuerdo al identificar los ataques espirituales.

2. **Enumera y escribe** sobre cartulina o papelógrafo/rotafolio los ataques espirituales. Recuerda apuntar solo los ataques espirituales sobre los cuales hay consenso.

3. Procedan a **renunciar a cada ataque espiritual** uno por uno usando la oración en la página 25 del libro de trabajo.

> *En el nombre y por la autoridad de nuestro Señor Jesucristo, renunciamos al ataque de Satanás* _____ *[sobre, a través de, mediante… mencionar cada ataque, uno por uno]. Nos resistimos y nos oponemos a él en el nombre todopoderoso de Jesús. Juntos declaramos «que el Señor te reprenda, el Señor te ate» y así te detenga de toda influencia presente o futura sobre nosotros. Amén.*

4. Ahora repitan **la declaración** que está en la página 25 del libro de trabajo. Hacemos esto para romper la influencia de todo ataque sobre el ministerio, sus líderes o su gente.

> **Declaramos que toda autoridad ha sido dada a Jesús en el cielo y en la tierra. Como líderes de este ministerio y como miembros del cuerpo de Cristo, renunciamos y repudiamos toda influencia y autoridad de poderes demoníacos y de espíritus malignos que causen resistencia al trabajo de Cristo. Como hijos de Dios, hemos sido rescatados del poder de la oscuridad y hemos sido trasladados al reino de su Amado Hijo.**

> **Porque estamos sentados con Cristo en los lugares celestiales, renunciamos a todo ataque satánico dirigido hacia nuestro ministerio. Cancelamos toda maldición que cualquier persona bajo engaño o por maldad haya puesto sobre nosotros. Declaramos a Satanás y a todas sus fuerzas que Cristo se hizo maldición por nosotros al morir en la cruz.**

> **Renunciamos a todo sacrificio ofrecido por satanistas o cualquier otra persona, mediante el cual se pretenda reclamar posesión de nosotros, de nuestro ministerio, de nuestros líderes o de nuestra gente. Declaramos que hemos sido comprados y redimidos por la sangre del Cordero. Aceptamos únicamente el sacrificio de Jesús, mediante el cual le pertenecemos.**

5. Concluimos este paso con la siguiente **oración.**

> **Querido Padre Celestial, te adoramos únicamente a ti. Tú eres el Señor de nuestras vidas y de nuestro ministerio. Te ofrecemos nuestros cuerpos como sacrificios vivos, santos y agradables a Dios. También te presentamos nuestro ministerio como un sacrificio de alabanza.**

> **Pedimos tu protección sobre nuestros líderes, sobre los miembros de nuestro ministerio y sobre sus familias. Danos la sabiduría y la gracia necesarias para tratar con herejes y lobos espirituales. Danos discernimiento para juzgar entre el bien y el mal. Te dedicamos todas nuestras propiedades, incluyendo oficinas, equipo, y medios de transporte.**

> **Señor Jesucristo, tú eres la Cabeza de este ministerio y te exaltamos. Que todo lo que hagamos te dé honor y gloria. Oramos en el nombre santo de Jesús. Amén.**

Ya sea al finalizar el retiro o en un futuro próximo (si no están en el edificio de la iglesia-ministerio-organización) comprométete a orar por cada espacio del edificio de la iglesia, sus oficinas o las oficinas de tu organización y renuncia a todo uso de estos espacios que no haya sido para la gloria y para el servicio de Dios. Lo dedicamos al Señor Jesucristo y echamos fuera a Satanás.

¿Quién se encargará de coordinar la oración por los espacios de la iglesia-ministerio-organización?

PASO 6 – EL PLAN DE ORACIÓN Y ACCIÓN

INTRODUCCIÓN

Se puede resumir el acercamiento de Libertad en Cristo con las siguientes tres palabras:

VERDAD – ARREPENTIMIENTO – TRANSFORMACIÓN

Durante los Pasos 1-5 hemos enfatizado la VERDAD y después el ARREPENTIMIENTO. Ahora con el **Paso 6 (El plan de acción y oración)** y el **Paso 7 (Estrategia de liderazgo)** desarrollarán aplicaciones prácticas que les llevará a una TRANSFORMACIÓN continua como iglesia/organización.

En este paso van a desarrollar un plan de oración y acción para remediar:

- las puertas abiertas a Satanás por el pecado y
- los ataques (represalias) del enemigo por aquello que se hace bien

NOTA: *En la redacción del plan será indispensable el apoyo de un miembro de Libertad en Cristo. Aunque las instrucciones son sencillas, los participantes pueden confundirse al rellenar la tabla. Las diferencias en lo que se pide en cada categoría/columna son sutiles pero importantes.*

En este paso van a:

- **RENUNCIAR AL MAL («*Renunciamos*»)** — *los pecados colectivos y ataques espirituales (represalias por lo que se hace bien).*

- **DECLARAR LA VERDAD («*Declaramos*»)** — *lo contrario según la verdad bíblica redactado en términos de los recursos que tenemos en Cristo.*

- **AFIRMAR («*Afirmamos*»)** — *la promesa o verdad que anime o motive (con cita bíblica).*

- **COMPROMETERSE A LA ACCIÓN («*Esto haremos*»).**

1. Coloquen cuatro cartulinas en la pared o elaboren una tabla en la computadora que se pueda proyectar y escriban los títulos «*Renunciamos*», «*Declaramos*» «*Afirmamos*», y «*Esto haremos*» en cada una de ellas según las instrucciones anteriores.

2. Repitan en voz alta la oración en la página 28 del libro de trabajo. Al finalizar la oración tendremos unos minutos de silencio para discernir en unidad los temas que se escogerán y el orden de importancia.

> Querido Padre Celestial, te damos gracias por abrir nuestros ojos para ver los puntos fuertes, los puntos débiles, las memorias gratas, las memorias dolorosas, los pecados colectivos y los ataques espirituales del enemigo. Gracias por ayudarnos a comprender la batalla espiritual en la que estamos frente a los poderes demoníacos.
>
> Danos discernimiento sobre la condición real de nuestro ministerio. Tú nos conoces íntimamente. Danos un plan de acción. Enséñanos a orar con el poder que tú nos has dado.
>
> Pedimos tu dirección divina para formular el Plan de Oración y Acción. Gracias por la ayuda del Espíritu Santo en medio de nuestra debilidad porque en realidad no sabemos qué ni cómo orar. Danos unidad. Concédenos sabiduría. Danos las palabras adecuadas y tu orden para los temas de nuestra lista.
>
> Abre nuestros ojos a la verdad de tu Palabra. Danos la convicción para completar aquello que tú nos reveles. En el sabio nombre de Jesús. Amén.

Recuerda que el plan de oración y acción tiene cuatro categorías en cuatro columnas que son **«Renunciamos»**, **«Declaramos»**, **«Afirmamos»**, y **«Esto haremos»**. Vayamos por categoría para entenderlas a fondo antes de compartir en grupo.

«RENUNCIAMOS» — invita al arrepentimiento

El grupo rechaza el mal – pecado colectivo, debilidad, memoria dolorosa, ataque espiritual. Se nombra el **pecado específico** de manera concisa y directa.

Ejemplo 1

NO: Renunciamos a los celos, la envidia, el chisme y el partidismo que ocasionan división, disensión y falta de amor entre pastores, lideres, adultos, adolescentes y niños. (*Redundante, demasiada palabrería.*)
SÍ: **Renunciamos a la división entre nosotros.**

Ejemplo 2

NO: Renunciamos a la inmoralidad. *(Demasiado general.)*
SÍ: **Renunciamos a la infidelidad en el matrimonio.**

«DECLARAMOS» — invita a recordar la verdad

El grupo proclama una **verdad bíblica concisa** que vence el mal al que se renuncia, basada en los recursos que tenemos en Cristo. Aquí **NO** usamos citas bíblicas.

NO: Os ruego, hermanos…que todos os pongáis de acuerdo, y que no haya divisiones entre vosotros, sino que estéis enteramente unidos. 1 Corintios 1:10. *(Es una cita bíblica; es un mandato, no una verdad.)*

NO: Declaramos que a Cristo no le glorifica la división. *(En negativo, no afirma una verdad.)*
SÍ: «Declaramos que en Cristo somos uno en el Espíritu» (Efesios 4:4)

«AFIRMAMOS» — invita a aferrarse a la verdad y perseverar en ella

El grupo afirma una **promesa o verdad bíblica** utilizando (no necesariamente citando) una o va-rias **citas bíblicas**. Usan un lenguaje que apele a las emociones, que los anime y motive al cambio.

NO: «El hombre perverso provoca contiendas, y el chismoso separa a los mejores amigos». Proverbios 16:28 (En negativo; no ofrece una promesa o verdad; advierte, pero no motiva al cambio.)
NO: «Porque el siervo del Señor no debe ser contencioso, sino amable para con todos…» *(En negativo; es un mandato no una promesa o verdad.)*
NO: «Afirmamos que somos compasivos, no juzgamos a nadie y no condenamos a nadie.» Lucas 6:36-38. *(Se apunta a ello, pero aún no es verdad. Justamente la realidad presente es la división.)*
SÍ: «Afirmamos desde lo profundo de nuestro corazón que somos un solo cuerpo en Cristo Jesús». Gálatas 3:26-28

El grupo se compromete a una acción conjunta. Una acción implica hechos, conductas o pasos concretos que se pueden contabilizar, a menudo basados en consejo bíblico. Lo contrario son intenciones, sentimientos o actitudes, muy difíciles de evaluar.

Se redacta la acción de manera concisa y breve (más tarde en el Paso 7 se desglosa un procedimiento).

NO: «Nos amaremos y nos mantendremos unidos siempre». (Buenas intenciones, pero no propone pasos concretos.)

NO: «No murmuraremos ni guardaremos resentimiento contra nuestros hermanos». (Está en negativo: acciones y sentimientos a evitar. No se puede contabilizar.)

SÍ: **«Hablaremos diligentemente con la persona correcta de la manera correcta cuando surja un con licto».** *(Alude a la instrucción bíblica (Mateo 18 sobre resolución de conflictos sin alargarse).*

Les animamos a estar atentos a patrones recurrentes que estén interconectados. El objetivo en este paso clave es formular una lista, lo más abreviada posible, que recoja los patrones más importantes de opresión dentro de la iglesia/organización. Lograrán la libertad de su iglesia/organización al usar esta lista como guía de oración y acción conjunta, y podrán así deshacerse de los puntos de in luencia del enemigo.

Es el momento de ser concisos y sintetizar lo que han descubierto. Jesús resumió toda la ley al decir; amarás al Señor tu Dios sobre todo y amarás a tu prójimo como a ti mismo.

3. **Ahora están listos para sintetizar todo lo que han discernido en los cinco pasos previos.**

COMPARTE
NOTA: *Es probable que se tenga que delegar a un grupo reducido la redacción de un borrador para después traerlo a todo el grupo. Mientras este equipo trabaja asesorado por alguien del equipo de Libertad en Cristo, los demás pueden orar.*

Recuerda resumir la lista pero incluir todo patrón importante de atadura dentro de la iglesia-organización. En la página 34 del libro de trabajo encontrarás un ejemplo de un plan de acción y oración que puede ser útil. Acuérdate que será importante el apoyo de un miembro de Libertad en Cristo. ¡Adelante!

4. **Ahora pónganse de pie frente a su Plan de oración y acción. Van a recitarlo en voz alta de forma unida como una oración.**

Esta oración es de suma importancia, y debe repetirse en cada reunión de junta y de líderes de aquí en adelante. La deben repetir los líderes individualmente en casa. A menudo después del retiro —en las semanas o meses que siguen— surgen temas que añadir a la lista.

Algunas estrategias para implementar el Plan de Oración y Acción incluyen:

*   Repetirlo individualmente en oración a diario durante 40 días.

*   Repetirlo juntos en voz alta en cada reunión de líderes.
    Ahora pasamos al último paso que tiene que ver con una estrategia del liderazgo para implementar el plan de oración y acción.

RENUNCIAMOS...	DECLARAMOS...	AFIRMAMOS...	ESTO HAREMOS...
1. Renunciamos al SILENCIO cuando debemos hablar	Que cuando Cristo nos ilumina todo sale a la luz y se puede ver con claridad.	Que en Cristo somos sabios y prudentes con nuestra boca para hablar la verdad en amor. *(Prov. 16:23, 20:15, Mateo 15:11)*	Decidimos confrontar "antes de que se ponga el sol", animar, agradecer, alabar, responder y opinar. *Por ejemplo, comenzaremos nuestras reuniones con ánimo, agradecimiento y alabanza mutua.*
2. Renunciamos a la IDOLATRÍA al liderazgo extranjero	Que nuestra sumisión y dependencia es primeramente a Dios.	Que Cristo es nuestro primer amor y le obedeceremos a él antes que a los hombres. *(Apoc 2:4-5, 1 Sam 15:22-23, 2 Cor 10:15, Hechos 5:29)* Que en Cristo tenemos todo lo que necesitamos para llevar a cabo el llamado de Aaron & Hur Colombia. *(1 Pedro 1:3-4)*	Tomaremos decisiones guiados por Dios para establecer orden administrativo aclarando roles, funciones y procedimientos. Nos someteremos a las decisiones del equipo como nuestras.
3. Renunciamos al DOLOR y al ABANDONO	Que como Dios nos ha consolado podemos consolar.	Que el Espíritu Santo nos capacita para consolar *(Juan 14:16-17)*	Nos comprometemos a estar presentes para cuidarnos unos a otros y estimularnos hacia las buenas obras en amor.
4. Renunciamos a usar el TEMPERAMENTO para mal	Que en Cristo fuimos diseñados para hacer el bien.	Que en Cristo amamos y servimos a los demás según nuestro temperamento honrándonos unos a otros. Que somos parte de un mismo cuerpo y que los que parecieran los más débiles y menos importantes en realidad son los más necesarios. *(1 Pedro 4:10, 1 Cor 12:22)*	Formaremos intencionalmente equipos de trabajo de diferentes temperamentos. -Seremos coherentes con lo que enseñamos -Estableceremos un comité de convivencia.
5. Renunciamos a la DIVISIÓN	Que en Cristo somos uno.	Que por medio de Cristo en la cruz somos un solo cuerpo llamados a vivir en paz. *(Efesios 2:14, 4:3, Colosenses 3:14)*	Decidimos vivir bajo el principio de la reconciliación y la unidad. - En nuestras comunicaciones incluiremos a todo el equipo - Informaremos al equipo de cada decisión, actividad... - Resolveremos los conflictos diligente y bíblicamente *(Mateo 18:15-17)*

PASO 7 – LA ESTRATEGIA DE LIDERAZGO*

INTRODUCCIÓN

En el Paso 7 desarrollarán una estrategia de liderazgo para implementar el plan de oración y acción. En el caso de una iglesia local, usa un verbo para comunicar la acción de cada ministerio. En el caso de una organización, usa un verbo para cada departamento. En el caso de una denominación usa un verbo para la acción de cada región, ministerio e iglesia local. El Plan de Oración y Acción es como una carta de Jesús para su iglesia/organización. En ella, Jesús nos invita al arrepentimiento (**Renunciamos**), a recordar la verdad (**Declaramos**), a aferrarse a la verdad (**Afirmamos**), y a obedecer (**Esto haremos**). Con esto en mente, ¿cómo quiere el Señor que implementen, como grupo, este Plan de Oración y Acción?

Las iglesias u organizaciones ya establecidas no empiezan de cero con una pizarra limpia en la que escribir. Pero pueden limpiarla, y eso es lo que sugerimos hacer a través de este proceso. Cada iglesia u organización debe discernir en oración su propio plan estratégico. Al compartir con otros lo que el Señor les ha revelado en el Plan de Oración y Acción, sugerimos comenzar con las palabras «Esto es lo que sentimos que Dios nos ha dicho…»

Al preparar este plan estratégico será útil imprimir, repartir y considerar juntos las siguientes sugerencias antes de comenzar:

I. ORACIÓN PERSONAL

Es importante que todos los líderes lean y oren durante 40 días el Plan de oración y acción para apropiarse del mensaje en su propia vida. Al leer, orar y reflexionar sobre este plan una o dos veces al día, los líderes se sensibilizan en cuanto a los pecados colectivos y a los ataques más comunes del enemigo. Y es que los mismos patrones tienden a emerger semanas o meses más tarde, pero los líderes ya son capaces de discernirlos. A menudo escuchamos comentarios como: «Estábamos a punto de repetir uno de nuestros viejos pecados colectivos», o «Acabamos de reincidir en aquello a lo que ya habíamos renunciado». El estar alerta, pendiente de identificar los patrones de la carne y los ataques espirituales resulta esencial para lograr un cambio duradero.

No es fácil permanecer en el compromiso diario de oración. Es importante ser diligente y perseverar en esta oración diaria. Considera reclutar a una persona que no sea el pastor para que recuerde diariamente al grupo de su compromiso. Esta persona puede también asumir la responsabilidad de apoyar y facilitar al grupo en otras estrategias que se vayan a implementar.

Sugerimos el reclutar a intercesores comprometidos para orar por el equipo de liderazgo y por la implementación de la estrategia de liderazgo.

2. ORAR JUNTOS EN LAS REUNIONES

El orar juntos en cada reunión del liderazgo, incluso antes de cada culto, refuerza el compromiso de guiar a la iglesia en obediencia a Jesús. Este proceso, que comienza con el liderazgo principal y después pasa a los demás líderes y a todos los ministerios de la iglesia, puede tardar entre 6 a 18 meses.

3. UNA SERIE DE SERMONES

La congregación aún no ha experimentado el proceso y el liderazgo deber saber cómo guiarles e implementarlo. El pastor y el liderazgo pueden juntos presentar lo que sienten que el Señor les ha revelado, pero con sensibilidad y cuidado para que la congregación no se sienta juzgada, condenada o abrumada. Sin embargo, como líderes no debemos ir más rápido de lo que es posible enseñar y asimilar. Es importante enseñar mediante el ejemplo. La mejor manera de guiar a la iglesia al arrepentimiento es demostrándole nuestro propio arrepentimiento. La congregación debe saber que no se les pide nada que sus líderes no hayan hecho.

La serie de sermones logra mejores resultados si se considera un tema cada semana tomada del **Plan de oración y acción**. Explica de forma apropiada a toda la congregación el porqué de este proceso y cómo el liderazgo se reunió para escuchar al Señor a través de un proceso bíblico. Cuéntales que identificaron sus fortalezas y debilidades, las memoras gratas y dolorosas, los pecados colectivos y los ataques espirituales para finalmente escribir un **Plan de oración y acción**. Un plan que es como una carta de Jesús a la iglesia. Al terminar el primer sermón, pide a la congregación que juntos declaren las cuatro partes —**renunciamos, declaramos, afirmamos y esto haremos**— del primer tema. Al finalizar la segunda semana invítalos a enunciar tanto las declaraciones de la primera semana como las de la segunda. Al terminar la serie habrán declarado todas las afirmaciones del **Plan de oración y acción**. No obtendrán el mismo resultado si intentan incorporar partes del plan a sus sermones habituales o si predican un solo sermón que resume todo el plan. Referirse al pecado, al arrepentimiento y a las verdades bíblicas de una manera superficial no los resuelve.

Como parte de una serie de enseñanza considera presentar un resumen del proceso a todas las personas de la iglesia/organización y pedirles perdón como líderes por no haber respondido a lo que Dios requería de ellos. Si hay reuniones de grupos pequeños o cultos entre semana se puede tratar el mismo tema con todos los grupos y cultos de la semana para una asimilación más profunda.

Si este proceso se está haciendo con un ministerio u organización, en vez de sermones se buscan otras formas de comunicación para que llegue a todos los niveles del ministerio y organización

4. INCLUIR A OTROS LÍDERES

Es probable que no todos los líderes de la iglesia hayan podido participar en el encuentro de Libertad en Cristo para tu Iglesia-ministerio-organización, ni todos los niveles de liderazgo de los distintos ministerios. En una iglesia, el pastor de adolescentes y jóvenes adultos quedó tan impresionado por la humildad de sus líderes que quiso llevar a cabo este mismo proceso con sus líderes de ministerio con resultados impresionantes. En la misma iglesia algunas personas replicaron el proceso con sus familias y en sus empresas.

Los distintos ministerios querrán incluir al grupo completo de su liderazgo. El objetivo es que cada integrante pueda primero hacer el **Curso de Discipulado de Libertad en Cristo** que incluye los **Pasos hacia la libertad en Cristo** para después participar en el proceso por el que pasó el liderazgo principal: Libertad en Cristo para tu Iglesia-ministerio-organización. Es probable que sus renuncias y declaraciones sean diferentes de las del liderazgo principal, pues cada ministerio dentro de la iglesia (o departamento dentro de una organización o empresa) tiene sus propias dinámicas particulares.

Hemos guiado a denominaciones, seminarios, grupos misioneros, ministerios, y empresas a través de este proceso. La experiencia varía considerablemente según cada uno de estos grupos. Independientemente de quiénes sean los participantes, el objetivo es producir un cambio en el liderazgo y en el clima espiritual. Una denominación, por ejemplo, tuvo que renunciar a un clima cultural que no se centraba en Cristo y a ataduras colectivas de temor.

5. PREGUNTAS AL PREPARAR LA ESTRATEGIA:

- Si lo consideramos como una carta de parte de Jesús, ¿qué punto del **Plan de oración y acción** deberíamos poner en práctica de inmediato y qué partes en los meses siguientes?

- ¿A quiénes debemos designar como lideres para implementar las diferentes partes del plan?

La experiencia de Libertad en Cristo para tu Iglesia-ministerio-organización puede que haya tomado pocos días en la agenda de una congregación u organización, pero los «fantasmas» seguirán emergiendo de donde han estado ocultos por años. Esperamos que todos sepan qué hacer cuando salgan a la luz. No bajen la guardia. Aunque lleguen ataques espirituales, cansancio, distracciones y desánimo, perseveren y den prioridad al proceso de aplicar el **Plan de oración y acción** de forma estratégica y pastoral a toda la congregación.

¡Atención! Es muy importante no añadir este plan y estrategia como una capa más a la actividad que ya existe. Si lo hacen, es probable que muchos terminen agotados, o peor, quemados. Considera pausar de forma temporal algunas de las actividades para así completar con prioridad y con profundidad todo lo que Dios quiere hacer a través de este proceso. Agenda tiempos de descanso para dormir y cumplir con el diseño original de Dios de descansar.

** **Nota para el líder/facilitador:** Es posible que tengan que finalizar el retiro antes de este paso por falta de tiempo. En tal caso, el Paso 7 queda como tarea pendiente para los líderes. Es importante establecer una fecha en la que los líderes se reunirán para terminarlo y, si es necesario, revisarlo contigo (el facilitador del proceso). Si no van a realizar este Paso ahora, **pasen al punto 3** para finalizar con una oración, para destruir las memorias dolorosas si así lo desean, y celebrar la Santa Cena.*

COMIENCEN CON EL PASO 7

Si hay tiempo para finalizar el Paso 7 continúa con lo que sigue abajo, y si no pasa al punto 3 más abajo.

Seguramente muchos se sienten cansados. Les invito a perseverar y pedir al Señor que les revele a sus corazones y mentes cómo implementar el **Plan de Oración y Acción** como líderes de su iglesia/ organización. Después de orar van a apuntar a la vista de todos en una cartulina los puntos de acción que decidieron en consenso. Es importante que el secretario los apunte en su computadora/ordenador.

¿Listos?

1. Hagan **la oración** en la página 30 del libro de trabajo.

   Querido Padre Celestial, venimos ante ti en alabanza, adoración y acción de gracias. Gracias por revelarnos tu visión de nuestro ministerio. Muéstranos si hay algo más que mantiene a nuestro grupo esclavizado. Nos comprometemos a dejarlo atrás, a mantenernos firmes en Cristo, a aferrarnos a tus promesas, y a obedecer tu voluntad.

   Te pedimos que nos reveles qué hacer con nuestro Plan de Oración y Acción. Muéstranos los pasos reales que debemos tomar como líderes. Muéstranos tu voluntad para que podamos obedecer plenamente tu dirección para nuestro ministerio. En el nombre poderoso de Jesús. Amén.

   PIENSA *y escucha en silencio (2-3 minutos)*
   COMPARTE

Apunten las ideas en una cartulina y determinen en consenso qué harán y cuándo lo harán. La prioridad es que cada uno lea cada día el plan de oración y acción durante 40 días y que también lo lean en cada reunión de líderes. Pueden invitar al grupo de intercesión y a otros líderes de la iglesia a que se unan a ustedes en estos 40 días, después de darles una breve orientación.

2. Ahora, es importante **nombrar a una persona que se hará responsable** de recordar a los líderes de dar los siguientes pasos del Plan de Oración y Acción.

Para finalizar el retiro tenemos tres partes importantes:

3. **Primera parte, vamos a destruir las memorias dolorosas.** Acuérdate que no nos quedamos con ningún apunte, foto ni archivo de las memorias dolorosas. No tiene que tardar mucho tiempo, pero es sumamente importante este paso. Comienza este proceso con frases cortas como **oraciones de gratitud.** Después de unos minutos, como símbolo de dejar atrás el poder de las memorias dolorosas, rompan las cartulina en pedazos para después tirarlas a la basura o quemarlas. Pueden hacerlo en silencio o con música de adoración de fondo, con las palabras:

   Señor aunque no podemos cambiar el pasado, tú nos has librado del poder de cada pecado, acontecimiento y memoria dolorosa. Las soltamos y te las entregamos ahora en fe como símbolo visible de la realidad invisible de libertad.

   Ahora **tira los trozos a la basura o quémalos.**

4. Toma un **tiempo breve de oración** con frases cortas de gratitud y alabanza por lo que el Señor ha hecho y seguirá haciendo. Recomendamos celebrar la **Santa Cena** en este momento.

5. Concluimos nuestro retiro con la siguiente oración en la página 31:

   Gracias, Señor, que podemos llamarte nuestro Padre Celestial. Gracias por tu amor y por aceptarnos. Gracias por todo lo que has hecho por nosotros hoy. Gracias por escuchar nuestras oraciones, por perdonar nuestros pecados colectivos y por liberarnos de las influencias dañinas de las artimañas de Satanás contra nuestro ministerio.

   Gracias por abrir nuestros ojos para ver y nuestros oídos para oír. Ahora danos corazones para obedecer. Nos comprometemos a ser consecuentes con nuestro plan de Oración y Acción. Enséñanos a orar y a poner por obra este plan que tú has dirigido.

   Te alabamos por habernos unido con el Señor Jesucristo. Te alabamos porque el Hijo de Dios vino a destruir las obras del diablo. Te pedimos protección sobre nuestros matrimonios, nuestras familias, y nuestro ministerio. Guárdanos de escándalos. Te amamos y nos comprometemos a ser las personas que tú nos has llamado a ser. Danos el poder para caminar en la luz y hablar la verdad en amor. Muéstranos cómo puede trabajar nuestro ministerio de forma mancomunada con todo el cuerpo de Cristo. Deseamos estar unidos en un solo Espíritu.

   «Al Rey eterno, inmortal, invisible, al único Dios, sea honor y gloria por los siglos de los siglos. Amén». — I Timoteo 1:17

APÉNDICE I – EL PODER DE LAS PALABRAS

OBJETIVO:

Comprender la estrategia de Satanás para desacreditar a los líderes espirituales o destruirlos mediante la constante acusación y la tentación.

ATAQUES CONTRA EL LIDERAZGO:

El chisme destruye a nuestras iglesias.Antes de recibir información (chisme) sobre los líderes espirituales (o cualquier otra persona), pregúntale a la persona:

1. ¿Por qué me quieres decir esto (la razón)?
2. ¿De dónde has sacado la información?
3. ¿Has ido directamente a la fuente?
4. ¿Has comprobado personalmente todos los hechos?
5. ¿Puedo citarte si decido indagar sobre esto?

LA LEALTAD Y HABLAR LA VERDAD CON AMOR:

Santiago 3:6

«También la lengua es un fuego, un mundo de maldad… encendida por el infierno…»

Efesios 4:25,29

«Por lo tanto, dejando la mentira, hable cada uno a su prójimo con la verdad, porque todos somos miembros de un mismo cuerpo. Eviten toda conversación obscena. Por el contrario, que sus palabras contribuyan a la necesaria edificación y sean de bendición para quienes escuchan».

I Timoteo 5:19

«No admitas ninguna acusación contra un anciano, a no ser que esté respaldada por dos o tres testigos».

Hebreos 13:17

«Obedezcan a sus dirigentes y sométanse a ellos, pues cuidan de ustedes como quienes tienen que rendir cuentas. Obedézcanlos a fin de que ellos cumplan su tarea con alegría y sin quejarse, pues el quejarse no les trae ningún provecho».

APÉNDICE 2 - LOS PECADOS COLECTIVOS

Los pecados colectivos son patrones de comportamiento en una iglesia que desagradan a Dios y son contrarios a su voluntad. **Los lleva a cabo toda la iglesia o un grupo importante dentro de ella.** Por lo tanto, es responsabilidad del liderazgo discernir, confesar, renunciar y derribar estas fortalezas.

Algunos ejemplos de la Biblia:

1. **Levítico 26:40-42** – Las instrucciones del Señor a Moisés en el Monte Sinaí sobre las maldiciones y calamidades por desobedecer a Dios y una profecía sobre el exilio de los pueblos de Dios de la Tierra Prometida.

    - En el contexto del juicio por el exilio, el Señor le muestra a Israel que el camino de vuelta a él es a través de la confesión de sus pecados y los pecados de sus padres.

    - Este pasaje constituye el trasfondo de la promesa, a menudo citada, de 2 Crónicas 7:14, **«si mi pueblo, que lleva mi nombre, se humilla y ora, y me busca y abandona su mala conducta, yo lo escucharé desde el cielo, perdonaré su pecado y restauraré su tierra».**

2. **Salmo 106:6** – Confesar los pecados paternos y nacionales en los que los hijos ahora andan.

3. **Daniel 9:4-19** – La confesión de Daniel en nombre de todo Israel.

4. **Nehemías 1:5-7; 9:1-37** – Las confesiones de Nehemías y Esdras en nombre de los pecados de Israel y los pecados de sus antepasados;

5. **Jeremías 14:30** – «Ciertamente hemos pecado contra ti». El profeta, a veces justo antes de la destrucción de Jerusalén en el 586 a.C., está aquí confesando los pecados de su nación, no algún pecado que hubiera cometido él personalmente. Sólo está obedeciendo el mandato de Dios en Levítico 26:40.

6. **Oseas 4:12-13** – Los hijos de Israel estaban involucrados en el adulterio y la prostitución. Debido a la idolatría de sus padres, un espíritu demoníaco de prostitución les afectó. Los pecados de los padres afectan a sus hijos.

7. **1 Corintios 10:11 y 2 Corintios 2:8-11** – La iglesia de Corinto fue amonestada por Pablo a no caer en el error de Israel al no arrepentirse de los pecados colectivos y la exhorta a perdonar a un miembro arrepentido de su cuerpo para que Satanás no ponga a toda la iglesia en la esclavitud corporativa.

8. **Apocalipsis 2-3** – Las iglesias de Éfeso, Pérgamo, Tiatira, Sardis y Laodicea fueron severamente advertidas por el Cristo resucitado que sus soportes de lámparas (Su presencia y bendición) serían removidos por no lidiar con sus pecados corporativos de apartarse de su primer amor, tolerar falsos maestros, prácticas ocultistas, inmoralidad, muerte espiritual, tibieza y materialismo.

9. **El confesar los pecados anteriores a la conversión:**

    - Ningún texto del Nuevo Testamento sugiere que no debamos hacer esto ni al convertirnos ni después.

    - El Nuevo Testamento sugiere que debemos confesarlos:

        - Lucas 19:8-9 – Zaqueo hace una restitución.

        - Hechos 19:18-19 – Los nuevos creyentes confesaron sus pecados y destruyeron los objetos ocultistas después de su conversión.

        - Puede dejar a un cristiano cautivo del pecado si no lo hacemos: Hechos 8:13-23 – Simeón

10. Pecados posteriores a la conversión:

- **1 Juan 1:9** – Si «nosotros» confesamos...Es una carta escrita a una iglesia, un cuerpo colectivo—a una comunidad de fe.

- **1 Pedro 1:18-19** – Pecado ancestral transmitido a una comunidad desde sus antepasados.

11. Algunos ejemplos de pecados colectivos que las iglesias pueden cometer:

- El chisme
- La comparación de sus puntos fuertes con las debilidades de otros o viceversa —Somos mejores que o peores...
- La división, siempre llevar la contraria (como espíritu de división)
- Luchas de poder
- Mal uso del dinero
- Espíritu crítico
- La falta de disciplina
- La arrogancia
- La rebelión
- La falta de oración
- El encubrir el pecado
- El engaño
- El permitir que el pecado quede sin control en la vida de un líder o de su familia

- La falta de perdón
- La pasividad
- La falta de alcance evangelística y desobediencia a la Gran Comisión
- Liderazgo disfuncional:
- Supervisión muy débil o muy fuerte.
- El potenciar los ministerios que causan división.
- Patología organizativa:
- Estructuras que limitan y ahogan a un ministerio efectivo y de impacto.
- Decisiones que causan una mala comunicación.
- Ignorar o hacerse la vista gorda el no seguir las normas bíblicas (fornicación, mala administración, aborto, chisme, homosexualidad, bruje- ría, adulterio, divorcio, etc.)

12. La defensa de las «uvas agrias» de Israel en Ezequiel 18:1-3 y Jeremías 31:29-31.

Los dos profetas desafiaron el proverbio popular utilizado por Israel para defenderse de los pecados colectivos de la nación. Los hijos no son culpables de los pecados de sus padres y no serán castigados por las iniquidades de sus padres si son diligentes para apartarse de los pecados de sus padres. El Diccionario de Intérpretes de la Biblia explica:

> «Sin embargo, la implicación colectiva del pecado caló hondo en el pueblo. Los profetas proclamaron que no eran sólo unos pocos individuos malvados, sino que toda la nación estaba cargada de pecado (Isaías 1:4). Generación tras generación albergaba la ira. Por eso, los que finalmente se vieron obligados a soportar las dolorosas consecuencias protestaron porque todos los efectos de la culpa colectiva cayó sobre ellos. Los exiliados se lamentaron: «Nuestros padres pecaron y ya no existen; somos nosotros los que hemos cargado con sus iniquidades» (Lamentaciones 5:7). Incluso tenían un proverbio: «Los padres han comido uvas agrias, y los dientes de los hijos están en vilo». Contra esto protestaron tanto Jeremías como Ezequiel (Jeremías 31:29-30; Ez 18:10-20). Ningún hijo debía responder por los crímenes de su padre. «El alma que peca morirá» (Ez 18:4). Al decir esto, no pretendían negar el pecado colectivo: esto era indiscutible. Su propósito era acentuar la responsabilidad individual, que corría el peligro de quedar sumergida en la conciencia de la abrumadora calamidad nacional. Aunque la nación sufría ahora un amargo castigo, había esperanza para el individuo si se arrepentía». (DeVries p 365).

13. Josué 7-8

Acán es el que peca, pero el Señor dice «Israel ha pecado; han violado mi mandato». Cuando el pecado permanece, pierden lo que debía haber sido una batalla fácil. Cuando lo resuelven, ganan. No es de extrañar que en los últimos versículos de este episodio Josué se asegura de que cada persona lea toda la Ley de Moisés, incluso las bendiciones que siguen a la obediencia y las maldiciones que vienen de la desobediencia.

El principio de que todo un grupo se vea afectado por las acciones de uno de sus miembros (especialmente de un líder) es obvio en las Escrituras, pero es algo que hemos perdido.

Así como un individuo puede cederle terreno a Satanás en su vida, un colectivo puede darle entrada. Para ilustrar los efectos del pecado sobre un individuo solemos utilizar Efesios 4:26-27, que habla de no dejar que se ponga el sol sobre su ira y de no dar pie al diablo. Pero veamos este pasaje en su contexto, añadiendo un versículo más al principio y al final:

> «Por eso, cada uno de vosotros debe dejar de lado la mentira y hablar con la verdad a su prójimo, pues todos somos miembros de un mismo cuerpo. "En tu ira no peques": No dejéis que se ponga el sol mientras estéis enfadados, y no deis pie al diablo. El que ha estado robando no debe robar más, sino que debe trabajar, haciendo algo útil con sus propias manos, para tener algo que compartir con los necesitados». –Efesios 4:25-28

APÉNDICE 3 – LOS SISTEMAS HUMANOS Y LA UNIDAD

Puedes usar la siguiente reflexión si necesitas complementar la orientación al retiro y el estudio bíblico sobre Apocalipsis 1-3. No dará tiempo de compartirlo todo pero puedes considerar algunas partes.

LOS SISTEMAS HUMANOS

Vivimos en una época individualista en la que intentamos adaptarlo todo a las necesidades y deseos del individuo. Los cristianos abandonan una iglesia porque «no satisface mis necesidades». Sin embargo, en la Biblia Dios se enfoca más en los grupos de personas que en los individuos. Sí, Él se interesa por todos las personas, pero normalmente dirige sus mandatos y amonestaciones al colectivo, usando «ustedes». En el Antiguo Testamento Dios suele dirigirse al conjunto del pueblo de Israel. En el Nuevo Testamento, Jesús y Pablo suelen dirigirse a la Iglesia. Podemos referirnos a estos grupos de personas como *sistemas humanos*. Cada persona tiene su propia identidad, pero juntas forman algo más que la suma de sus partes. El grupo adquiere sus propias características, su propia personalidad y su propia realidad espiritual.

En derecho, una sociedad anónima o una corporación se considera una entidad individual por derecho propio al margen de sus propietarios, directores o personal. Puede generar contratos. Puede demandar y ser demandada. Si todos los miembros fundadores mueren o desaparecen, la entidad continúa con nuevos miembros. En otras palabras, ante la ley una corporación se trata como una persona con derecho propio (esto se conoce como «personalidad jurídica» en algunos países).

De esto trata la doctrina bíblica de la «personalidad colectiva». Dios ha establecido a ciertos grupos de personas como entidades corporativas y los ve como una persona con derecho propio. Ejemplos de esto son los países, la Iglesia y, a un nivel más pequeño, un matrimonio. En todos estos ejemplos Dios ve al grupo como una persona con derecho propio y trata con él en ese nivel. Los individuos que forman parte del colectivo siguen siendo responsables de sus propia vida y acciones. Sin embargo, los individuos que forman parte del grupo pueden tener un efecto importante sobre el grupo en el ámbito espiritual.

Un sistema humano tiene una dinámica espiritual invisible similar a un campo gravitatorio y está sujeto a realidades espirituales. El pasado de un sistema humano influye en su presente, para bien o para mal. Intentemos comprender cómo funciona esto.

Un sistema humano está formado por individuos, cada uno de los cuales puede tomar sus propias decisiones al desempeñar su rol/papel en él. Y un miembro individual puede tener un efecto importante en todo el cuerpo, especialmente si esa persona es un líder. En el Antiguo Testamento en particular queda claro una y otra vez que, en lo que respecta a Dios, todo un grupo se ve afectado por las acciones de un solo miembro. Veamos el ejemplo de Efesios 4:25-28:

> **«Por eso, cada uno de vosotros debe dejar de lado la mentira y hablar con la verdad a su prójimo, pues todos somos miembros de un mismo cuerpo. «En tu ira no peques»: No dejéis que se ponga el sol mientras estéis enfadados, y no deis pie al diablo. El que ha estado robando no debe robar más, sino que debe trabajar, haciendo algo útil con sus propias manos, para tener algo que compartir con los necesitados».**

Este pasaje está escrito con un «ustedes» plural y su contexto es sobre ser miembros de un cuerpo. Sí, el principio se aplica a los individuos, pero el pasaje trata mucho más de los efectos del pecado en un contexto corporativo. Los pecados de mentir, robar y no perdonar se mencionan como ejemplos específicos de lo que le da al diablo un punto de apoyo. Todas estas son cosas que una persona hace a otra *dentro del cuerpo*. Así que, aunque el principio general de que el pecado le da al enemigo un punto de apoyo funciona a nivel de la vida individual de alguien, creo que podemos asumir que Pablo estaba hablando aquí más bien de darle puntos de apoyo al enemigo en el cuerpo corporativo de la iglesia local.

En otras palabras, una iglesia local puede ser paralizada si el pecado anterior le ha dado al enemigo un lugar de influencia, una base de operaciones si se quiere, que no ha sido tratada mediante el arrepentimiento. Sí, tenemos autoridad delegada por Dios para discipular a las naciones, pero Satanás es capaz de frenarnos si se lo permitimos. Por supuesto, nuestro pecado ya está perdonado pero ese no es el punto - todavía le da al enemigo un punto de apoyo hasta que lo retomemos a través del arrepentimiento.

Lo que encontramos es que las tres palabras (**la Verdad**, **el Arrepentimiento**, y **la Transformación**) que usamos para resumir el acercamiento de Libertad en Cristo que son necesarias para que un individuo sea libre y fructífero, se aplican también a un sistema de personas como una iglesia local.

LA UNIDAD

Hay un pecado en particular que parece especialmente importante en relación con la Iglesia y es el pecado de la falta de unidad. Pablo nos ordena (Efesios 4:3) que guardemos «la unidad del Espíritu». Tenemos que entender el efecto de esto en el mundo real - en el nivel espiritual.

La única cosa que Jesús oró específicamente por los que vendrían después de los discípulos fue por la unidad. Podría haber elegido cualquier número de cosas para orar, pero eligió una sola cosa: que fueran uno (Juan 17:20-23):

> «Mi oración no es sólo por ellos. Ruego también por los que creerán en mí a través de su mensaje, para que todos ellos sean uno, Padre, como tú estás en mí y yo en ti. Que ellos también estén en nosotros para que el mundo crea que tú me has enviado. Les he dado la gloria que tú me diste, para que sean uno como nosotros somos uno: Yo en ellos y tú en mí. Que lleguen a la unidad completa para que el mundo sepa que tú me has enviado y que los has amado como a mí».

Aquí encontramos que nuestra unidad hace que otros crean. Presumiblemente porque no permite que el enemigo siga cegando a la gente. El Salmo 133 dice que donde hay unidad Dios ordena una bendición.

Así que parece que una razón clave por la que Jesús nos dijo que fuéramos uno es para que sigamos caminando en el poder y la autoridad delegados que nos ha dado para hacer discípulos.

No nos referimos a la conformidad externa o a la amabilidad, sino a la unidad del corazón, a la genuina unidad en Cristo expresada de forma tangible.

En el Nuevo Testamento hay una clara suposición de que un lugar concreto tenía una sola iglesia. En Apocalipsis capítulos 1 al 3, Jesús se dirige a la iglesia de Éfeso, a la de Esmirna, etc. Es muy probable que en aquella época solo existiera una confraternidad física, sin embargo, espiritualmente hablando, la Iglesia es una sola entidad, no importa en cuántos edificios separados nos reunamos o qué etiqueta utilicemos. En su ciudad, espiritualmente hablando, sólo hay una iglesia.

Por eso tanta actividad demoníaca se concentra en intentar que nos peleemos entre nosotros, que enfaticemos nuestras diferencias, que pongamos la verdad por encima de la gracia. Cuando nos demos cuenta de que no estamos luchando contra la carne y la sangre, que tanto pende de esto, entonces seguramente pasará a ser de primera importancia para nosotros.

¿Te has preguntado alguna vez por qué la iglesia primitiva, sin recursos físicos reales, vio a miles de personas acudir al Señor en un solo día? ¿Podría ser porque (estando justo al principio) estaban perfectamente unidos y caminaban en la bendición que eso conlleva? El clima espiritual de entonces y el de ahora probablemente no sean muy diferentes. ¿Qué es diferente? El estado de la iglesia y específicamente la unidad (o más bien desunión) de la iglesia.

No creo que pueda haber ninguna prioridad más alta para ti como líder de la iglesia que trabajar por la unidad de la Iglesia. Con ello me refiero no sólo a tu propia confraternidad, sino a la Iglesia única de tu zona.

¿Qué puedes hacer en la práctica?

La única diferencia clave entre el funcionamiento a nivel individual y a nivel corporativo es que, a nivel corporativo no depende sólo de nosotros. Otras personas también necesitan comprender estos principios y tomar la decisión de trabajar con ellos. Esto puede convertirlo en una experiencia frustrante, pero Dios nos llama simplemente a hacer nuestra parte y dejarle a él los resultados.

> **«Esforzaos por mantener la unidad del Espíritu mediante el vínculo de la paz. Hay un solo cuerpo y un solo Espíritu, así como ustedes fueron llamados a una sola esperanza cuando fueron llamados: un solo Señor, una sola fe, un solo bautismo; un solo Dios y Padre de todos, que está sobre todos y por todos y en todos».**

Efesios 4:3-6

Debemos modelar la libertad y así animar a los demás a hacerlo. Es importante entonces introducir estos principios de libertad corporativa en nuestra propia Iglesia. Y comprometámonos con la única Iglesia de nuestra comunidad y trabajemos para ayudarla a arrepentirse del pecado -pasado y presente- y a caminar en la unidad del Espíritu.

www.ingramcontent.com/pod-product-compliance
Lightning Source LLC
Chambersburg PA
CBHW081601040426

42448CB00014B/3154